POLYGLOTT on tour

Manfred Braunger

USA

Der Westen

	Top 12		Restaurant
	besonderer Tipp		Unterkunft
	Warnung		Nightlife
	Info		Shopping
	Hinweis		Literatur

POLYGLOTT-Top 12 — Umschlagklappe vorne

Specials

Wasser, Wellen, Wüstenseen	Seite 6
Shop 'til you drop	Seite 8
Urlaub vom eigenen Bett	Seite 10

Allgemeines

Land der Wunder — Seite 12
 Lage und Landschaft · Klima und Reisezeit · Natur und Umwelt · Bevölkerung · Wirtschaft · Verwaltung

Geschichte im Überblick — Seite 20

Kultur gestern und heute — Seite 21
 Architektur · Literatur · Westerngeschichten · Indianische Spurensuche

Essen und Trinken — Seite 24
 Typisch Amerikanisches · Mexikanischer Feuerzauber · Navajo Fry Bread · Kalifornische Weine

Urlaub aktiv — Seite 26
 Klettern · Reiterferien · Wildwassertouren · Hausbootferien · Wintersport · Golfen in der Wüste

Unterkunft — Seite 28
 Hotels und Motels · Resorts · Bed&Breakfast · Jugendherbergen · Camping

Reisewege und Verkehrsmittel — Seite 30
 Anreise · Unterwegs im Westen

Infos von A–Z — Seite 99

Mini-Dolmetscher — Seite 102

Register — Seite 104

Das System der POLYGLOTT-Sterne — Umschlagklappe vorne

Der Westen der USA im Internet — Umschlagklappe hinten

Städtebeschreibungen

San Francisco – Superstar ohne Allüren — Seite 32

Kalifornisches Traumziel: Amerikas Weltmetropole mit ihrem glanzvollem Image ist eigentlich eine der unamerikanischsten Städte des Landes.

**Los Angeles – Der größte
Drive-in der Welt** .... Seite 38

Die Riesenstadt Los Angeles setzt sich aus vielen interessanten Stadtteilen zusammen, die man sich am besten häppchenweise zu Gemüte führt.

**Salt Lake City – Weiträumig
und gottesfürchtig** .... Seite 44

Die Mormonenhochburg am Rande des wüstenhaften Großen Beckens zählt zu den saubersten, sichersten und grünsten Städten Amerikas.

Touren

Tour 1
Hitparade zwischen Pazifik und Wüste — Seite 48

Auf dem Highway One von San Francisco am Pazifik entlang nach San Diego und im Landesinnern durch die Sonora Desert und die Sierra Nevada wieder zurück.

Tour 2
Berühmte Parks im Südwesten — Seite 64

Nirgends auf amerikanischem Boden reihen sich die Nationalparks, Publikumslieblinge von Rang und Namen, so dicht aneinander wie im Südwesten.

Tour 3
Spurensuche im Wilden Westen — Seite 77

Bei der Tour von New Mexico über Arizona an die Pazifikküste wird in Indianer-Pueblos und rauchgeschwängerten Saloons die Pioniergeschichte wieder lebendig.

Tour 4 — **Wogen, Wälder, wilde Weiten** — **Seite 86**

Auf dem Pacific Coast Highway, der »Traumstraße Amerikas«, von San Francisco nach Norden, vorbei an viktorianischen Dörfern, steilen Klippen und riesigen Redwoods.

Tour 5 — **Rund um das steinerne Rückgrat** — **Seite 92**

Von Salt Lake City zum Yellowstone N. P., vorbei an den vier Präsidentenkonterfeis im Mount Rushmore und über Denver wieder zurück.

Rechts: Antelope Canyon

Bildnachweis

Alle Fotos Catch-the-Day/Manfred Braunger außer Aramark Parks & Resorts: 108; Rainer Hackenberg: 22-2, 27-2, 28, 61, 62-1, 71, 73, 77, 81, 85-2, 96-1; laif/Neumann: 42; Sabine von Loeffelholz: 14, 27-1, 31, 34-2, 43-2, 54-2, 58, 64, 67, 68, 72-1, 79-1, Umschlagrückseite (unten); Susanne Wagler: 5; Karl Teuschl: 6, 9, Umschlagrückseite (oben); Titelbild: LOOK/Hauke Dressler

Wasser, Wellen, Wüstenseen

■ **Western River Expeditions,** 258 Racquet Club Dr., Salt Lake City (UT), Tel. 801/942-6669, www.westernriver.com

■ **Brundage Mountain Adventures,** 1002 S. Main St., Riggins (ID), Tel. 208/628-4212, www.raftbrundage.com

■ **Idaho Outfitters & Guides Ass.,** 711 N. 5th St., Boise (ID), Tel. 208/342-1919, www.ioga.org

■ **Jackson Hole White Water,** 650 W. Broadway, Jackson Hole (WY), Tel. 307/733-1007, www.jacksonhole-whitewater.com

■ **Barker Ewing River Trips,** 45 W. Broadway, Jackson Hole (WY), Tel. 1-800/448-4202, www.barker-ewing.com

Die scheinbar grenzenlosen Naturlandschaften des amerikanischen Westens sind für Outdoor-Aktivitäten auf dem Wasser wie gemacht. Ob für adrenalinfördernde Ritte über schäumende Stromschnellen, Speedboot-Touren oder fetzige Windsurfabenteuer: Die Voraussetzungen könnten besser kaum sein.

Wildwasser- und Kanufahrten

Colorado und **Green River** im amerikanischen Südwesten sind echte Herausforderungen für Wildwasserabenteurer. Seit über 35 Jahren unternehmen die Profis von »Western River Expeditions« mehrtägige Touren z. B. durch den Grand Canyon, aber auch auf dem **Salmon River** östlich von Riggins in Idaho. Der Salmon River zieht sich mit seinen Nebenarmen durch die Frank Church-River of No Return Wilderness, eines der besten Wildwasserreviere der USA. Anbieter von Touren und Ausrüster gibt es massenhaft, so z. B. »Brundage Mountain Adventures« oder »Idaho Outfitters & Guides Ass.«. Auf dem durch den Grand Teton National Park in Wyoming fließenden **Snake River** kann man zwischen sanftem Rafting und abenteuerlichen Ritten über Stromschnellen ebenso wählen wie zwischen zahlreichen Anbietern mit Sitz in Jackson Hole.

Special Spaß im Wasser

Speedboot

Die Ortschaft Clarkston am **Snake River** ist Ausgangspunkt für rasante Jetboat-Touren durch den **Hell's Canyon** an der Staatsgrenze zwischen Washington, Oregon und Idaho. Ähnliche Touren werden auf einigen Abschnitten des **Salmon River** in Idaho angeboten, z. B. von »Exodus Wilderness Adventures« oder »River Adventures«. Wo die Staaten Arizona und Utah aneinanderstoßen, dehnt sich in einer fantastischen Wüstenlandschaft der künstlich aufgestaute **Lake Powell** aus. In Wahweap Marina bei Page und in einigen anderen Marinas kann man Speedboote zum Selbststeuern anmieten.

▌**Beamers Hells Canyon Tours,** 1451 Bridge St., Clarkston (WA), Tel. 509/758-4800, www.hellscanyontours.com
▌**Exodus Wilderness Adventures,** 606 N. Hwy. 95, Riggins (ID), Tel. 208/628-3484, www.riverescape.com
▌**River Adventures,** 1310 S. Main St., Riggins (ID), Tel. 208/628-7954, www.riveradventuresltd.com
▌**ARAMARK,** Wahweap Marina, Page (AZ), Tel./Fax 520/645-2433, www.lakepowell.com. Bootsreservierungen für den Lake Powell.

Windsurferparadiese

Das **Golden Gate bei San Francisco,** an dem sich der Pazifik mit der Bucht von San Francisco vereint, ist Ortskundigen als zugige Ecke bekannt – für Windsurfer ein Hinweis auf günstige Wetterverhältnisse mit hohen Wellen. Deshalb gehört Crissy Field beim Stadtteil Marina auch zu den bevorzugten Startplätzen. Die besten Bedingungen herrschen zwischen Mitte März und September. Aber selbst im Hochsommer ist ein Neoprenanzug als Kälteschutz angesagt. Noch populärer ist unter Windsurfern der mächtige **Columbia River,** der die Grenze zwischen Washington und Oregon markiert. Auf Höhe der Ortschaft Hood River wird das Flusstal zum Windkanal. Vor Ort gibt es Dutzende von Ausrüstern und Guides.

▌**Boardsports,** 2936 Lyon St., San Francisco (CA), Tel. 415/929-7873, www.boardsports.com. Das Unternehmen bietet am Crown Beach in Alameda an der San Francisco Bay Kurse im Wind- und Kitesurfing an.
▌**Storm Warning,** 112 Oak St., Hood River (OR), Tel. 541/386-9400, www.sailworld.com
▌**Windance Sailboards,** 108 Hwy. 35, Hood River (OR), Tel. 541/386-2131, www.windance.com

★ Auf der Webseite **www.gorgeexplorer.com** findet man viele nützliche Tipps für das Windsurfen auf dem Columbia River.

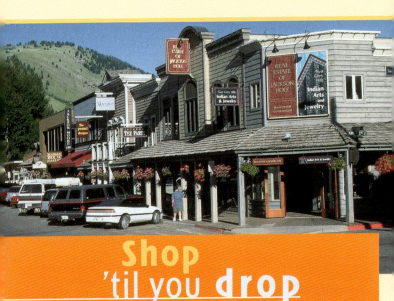

Shop 'til you drop

- **Factory Stores Lincoln City,** 1500 S. E. East Devils Lake Rd., Lincoln City (OR), www.shop lincolncity.com März–Dez. Mo–Sa 10–20, So 10–18 Uhr, Jan.–Feb. tgl. bis 18 Uhr, Fei geschl.
- **Beltz Factory Outlet World,** 7400 Las Vegas Blvd., Las Vegas (NV); www.belz.com; Mo–So
- **Centralia Factory Outlets,** 1342 Lum Rd., Centralia, südl. von Olympia (WA); www.centralia factoryoutlet.com; Mo–Sa 10–20, So 10–18 Uhr
- **Gilroy Premium Outlets,** 681 Leavesley Rd., Gilroy (CA); www.outletsonline. com/swogca.htm; Mo–Sa 10–21, So 10–18 Uhr
- **Arizona Mills,** 5000 Arizona Mills Circle, Tempe (AZ); www.arizona mills .com; Mo–Sa 10–1.30, So 11–19 Uhr

Einkaufen bis zum Umfallen heißt die Devise in Amerikas Konsumentenparadiesen. Das Angebot reicht von riesigen Outlet Malls mit teilweise an die 200 Fabrikverkaufsläden bis hin zu urigen Shops, die sich auf Westernkleidung oder Indianerschmuck spezialisiert haben.

Outlet Malls

Lincoln City an der Pazifikküste von Oregon ist ein beliebter Strandflecken. Viele Besucher kommen aber auch, um in den ca. fünf Dutzend Factory Outlet Stores am Hwy. 101 steuerfrei einzukaufen. In der Glücksspielmetropole **Las Vegas** versammeln sich in der »Beltz Factory Outlet World« über 150 Einzelgeschäfte. Die »Centralia Factory Outlets« in **Centralia** (bei Olympia) umfassen rund 100 einzelne Läden, in denen man auf Schnäppchenjagd gehen kann. Etwa dreimal so groß sind die »Gilroy Premium Outlets« in **Gilroy,** südlich von San Jose, wo man 25–70% Preisnachlass bekommt. Zwei Dutzend Videoscreens sorgen in den »Arizona Mills« in **Tempe** (bei Phoenix) dafür, dass es den Kunden beim Einkauf zwischen den 175 Geschäften nicht langweilig wird.

Special **Shopping**

Westernkleidung

Modische Kleidung im Westernstil findet man in der Main Avenue in **Durango**, an der sich viele Boutiquen, Fachgeschäfte, Souvenir- und Schmuckgeschäfte aneinander reihen. Bei »Stuart's of Durango« finden Interessenten traditionelle und modernere Mode, während »O'Farrell« handgefertigte Hüte in allen erdenklichen Formen verkauft. Typische Westernkleidung bietet auch »Durango Traditions«.

Ähnlich breit ist das Warenangebot in **Jackson Hole**. Als Institution in Sachen Stiefel gilt »Stone's Mercantile«. Das Geschäft verschickt Einkäufe auch nach Übersee. Viele echte Cowboys in Jackson und Umgebung tragen Hüte aus der Werkstatt von Paul und Marilyn Hartman, die seit 1983 die »Jackson Hole Hat Company« betreiben. Ihr Laden verkauft außerdem typische Cowboy-Accessoires wie Gürtel und Schals.

Ein Shopping-Abstecher nach **Santa Fe** lohnt sich nicht nur wegen indianischem Kunstgewerbe und Schmuck, der häufig aus Silber und Türkissteinen besteht. Auch Bekleidung im Westernstil findet man hier, wie etwa bei »Native Jackets« oder bei »Simply Santa Fe«. Zünftige Westernkleidung bietet nebst vielen Farm-Accessoires das »Western Warehouse« an.

★ Öffnungszeiten:
Die Läden für Westernkleidung haben in der Regel Mo–Sa von 9–18 Uhr, in größeren Touristenorten oft bis 20 Uhr geöffnet.

Durango (CO)
- **Stuart's of Durango,** 713 Main Ave.
- **O'Farrell,** 563 Main Ave.
- **Durango Traditions,** 781 Main Ave.

Jackson Hole (WY)
- **Stone's Mercantile,** P.O. Box 2775, 80 W. Broadway, Tel. 307/733-3392, jstone@rmisp.com
- **Jackson Hole Hat Company,** 245 N. Glenwood Ave.; www.jhhatco.com

Santa Fe (NM)
- **Native Jackets,** 66 San Francisco St.; www.nativejackets.com
- **Simply Santa Fe,** 72 E. San Francisco Ave.
- **Western Warehouse,** DeVargas Center, 556 N. Guadalupe St.; www.westernwarehouse.com

Special **Originelle Unterkünfte**

Der amerikanische Westen bietet eine vielfältige Palette von Übernachtungsmöglichkeiten. Besondere Schlager sind dabei Hotels, in denen ehemalige Filmstars genächtigt haben, Ranches mit authentischem Westernflair oder Bed & Breakfast-Herbergen, in denen sich der Gast ins viktorianische Zeitalter versetzt fühlt.

Urlaub vom eigenen Bett

Starhotels

Als *movie location* hat der Westen der USA eine strahlende Reputation. Natürlich mussten John Wayne, Frank Sinatra & Co. nach anstrengenden Drehtagen irgendwo unterkommen. Die betreffenden Hotels leben nach wie vor vom Starrummel um ihre ehemaligen Gäste und sind darauf bedacht, die Atmosphäre von damals am Leben zu erhalten. Heutige USA-Reisende können sich ihren individuellen Vorlieben entsprechend in den Betten von Clark Gable, Spencer Tracy, Katherine Hepburn und Kirk Douglas ausstrecken und von ihren Lieblings-Leinwandstars träumen.

Im **St. James Hotel** in Cimarron, östlich von Taos, gaben sich tatsächliche Westernhelden wie der Westernschriftsteller Zane Grey, Buffalo Bill und der berühmte US-Marshall Wyatt Earp die Klinke in die Hand. In Zimmer Nr. 3 diente einst dem Lawman Bat Masterson ein Pumafell als Bettvorleger, und im plüschroten Zimmer Nr. 5 pflegte der Desperado Jesse James abzusteigen.

Nicht richtige Helden, sondern jene, die sie auf der Leinwand mimten, fanden seit den 1940er Jahren im **El Rancho Hotel** zusammen. Die Wände sind mit Fotos von Berühmtheiten wie James Stewart, Kirk Douglas, Henry Fonda, Lee Marvin, Katherine Hepburn und James Cagney tapeziert. Prominenz stieg auch in der **Parry Lodge** ab. Könnten die Hotelwände sprechen, würden sie von John Wayne, Glen Ford, Charlton Heston, Barbara Stanwyck und Ava Gardner erzählen, die in der Umgebung vor der Kamera standen.

■ **St. James Hotel,**
17th/Collinson Sts.,
Cimarron, NM 87714, Tel.
505/376-2664. ○–○○
■ **El Rancho Hotel,**
1000 E. Hwy. 66,
Gallup, NM 87301,
Tel. 505/863-9311;
www.elranchohotel.com
○–○○
■ **Parry Lodge,**
89 E. Center St.,
Kanab, UT 84741,
Tel. 435/644-2601;
www.parrylodge.com ○○

Working Ranches

Wer hat nicht schon einmal davon geträumt, wie ein Cowboy durch die Fabellandschaften des Westens zu reiten, abends am Lagerfeuer zu sitzen und Kaffee aus zerbeulten Blechkannen zu trinken. Viele Gäste-Ranches bieten Farmaufenthalte an. Neben den luxuriösen Dude Ranches gibt es Working Ranches, auf denen die Gäste beim Viehtrieb oder beim Zäuneflicken helfen. Auf der **Granite Creek Guest Ranch** bei Ririe, östlich von Idaho Falls, oder auf der **Ponderosa Ranch** bei Seneca lernen Urlauber, wie man nach Cowboyart mit Vieh umgeht. Man wohnt in Blockhäusern und lernt nebenbei auch die deftige Küche des Westens kennen.

Bed & Breakfast

Wer auf TV, Internet und Faxgerät verzichten kann, findet in manchen B&B-Unterkünften ein Flair richtig zum Wohlfühlen. Wie ein üppig ausgestatteter Palast aus viktorianischer Zeit wirkt **Abigail's Elegant Victorian Mansion**. Die aus Belgien stammende Lily Vieyra sorgt für ein Gourmetfrühstück par excellence, während ihr Mann Doug Entertainerqualitäten an den Tag legt. Mit diesem Traum-B&B vergleichbar ist das **Gingerbread Mansion Inn** im viktorianischen Vorzeigestädtchen Ferndale. Buntglasfenster, offene Kamine und antikes Mobiliar verwandeln **Castle Marne** in ein Märchenquartier.

▌ **Granite Creek Guest Ranch,** P.O. Box 340, Ririe, ID 83443, Tel. 208/538-7140; www.granitecreekranch.com. ○○○

▌ **Ponderosa Ranch,** P.O. Box 190, Seneca, OR 97873, Tel. 541/542-2403; www.ponderosa-guestranch.com. ○○○

▌ **Abigail's Elegant Victorian Mansion,** 1406 C St., Eureka, CA 95501, Tel. 707/444-3144; www.eureka-california.com. Nur für Nichtraucher. ○○○

▌ **Gingerbread Mansion Inn,** 400 Berding St., Ferndale, CA 95536, Tel. 707/786-4000; www.gingerbread-mansion.com. ○○○

▌ **Castle Marne,** 1572 Race St., Denver, CO 80206, Tel. 303/331-0621; www.castlemarne.com. ○○○

Land der Naturwunder

Peitschen schnalzten, als sich die Ochsengespanne ins Joch stemmten und die Planwagen Richtung Westen zogen, einer unsicheren und gefährlichen Zukunft entgegen. Damals, Mitte des 19. Jhs., war die Devise »Go West« in aller Munde, nachdem die Regierung mit lukrativen Angeboten die Siedler zur großen Landnahme in den amerikanischen Westen lockte. Heute wird das Land jenseits der Great Plains zum zweiten Mal von Fremden entdeckt – von Neugierigen aus der Alten Welt.

Grandiose Naturwunder wie der Grand Canyon, die Westernkulisse Monument Valley und die Hexenküche von Yellowstone sind heute in aller Munde. Sandsteinrote Felslabyrinthe in Utah und Arizona, exotische Kakteenwälder entlang der mexikanischen Grenze, sattgrüne Ranchlandschaften in Montana, fast undurchdringliche Regenwälder in Washington, Salzseen, Vulkane mit Mützen aus ewigem Schnee und sturmumtoste Küsten – der Westen der USA ist um keine noch so dramatische Landschaftsszenerie verlegen.

Naturdenkmäler und Postkartenidyllen sind nicht das einzige, was der Westen zu bieten hat. Die Jahrtausende alte indianische Vergangenheit der Region überlebt in den Pueblos von New Mexico, in den Reservationen von Arizona und um im Mesa Verde National Park mit den spektakulären, fast 1000-jährigen Klippenwohnungen der Anasazi. Die Spuren der ersten weißen Pioniere verlieren sich in windschiefen Bergbaucamps und nostalgischen Geisterstädten, wo man an stillen Tagen schräges Klaviergeklimper zu hören glaubt, wenn der Wind über die Saloonböden fegt. Gewaltige, von Menschenhand geschaffene Stauseen wie Lake Powell und Lake Mead öffnen neue Freizeit- und Lebensräume und lassen mit ihrem Strom die Neonschluchten von Las Vegas in farbigem Glanz erstrahlen.

Schließlich wären da auch noch die Großstädte des Westens wie Los Angeles, San Diego, Seattle, Phoenix und Denver – Metropolen von Weltformat, in denen der *American way of life* schneller durch die urbanen Blutbahnen pulsiert als sonstwo auf der Erde. Ganz zu schweigen von der Weltklasse-Stadt San Francisco, dem jung gebliebenen Oldtimer unter den attraktivsten urbanen Reisezielen der USA.

Lage und Landschaft

Der amerikanische Westen beginnt jenseits der Rocky Mountains und erstreckt sich bis zur Pazifikküste. Dort liegen die elf Bundesstaaten Kalifornien, Oregon, Washington, Idaho, Montana, Wyoming, Colorado, Utah, New Mexico, Nevada und Arizona, deren Gesamtfläche von gut 3 Mio. km² etwa achteinhalbmal so groß wie Deutschland ist. (Der Routenteil des vorliegenden Führers schließt auch Teile der

Land der Naturwunder

Bundesstaaten South Dakota und Texas mit ein, die zur Region hinzugerechnet werden können). Die Lage dieses Großraumes zwischen der kanadischen und der mexikanischen Grenze bedingt eine Nord-Süd-Ausdehnung von über 2500 km und damit sehr unterschiedliche Klimazonen von den hochalpinen Gipfelregionen wie etwa des 4392 m hohen Mount Rainier im Norden bis zu den vor Hitze flimmernden Niederungen der Sonora Desert im äußersten Süden.

In keinem Teil der USA schlagen die Landschaften so unglaubliche Kapriolen wie im Westen. Ihre Galavorstellung gibt Mutter Natur in den 25 Nationalparks, die sich die elf Staaten teilen. Allein in Kalifornien liegen acht dieser weltbekannten Naturreservate, in denen die Parkranger die letzten Bestände der gigantischen Mammutbäume ebenso hegen und pflegen wie unverdorbene Küstenabschnitte auf den Channel Islands mit ihren Robbenkolonien und Seevögeln, Kakteen in der sengenden Mojave-Wüste Südkaliforniens oder dampfende Vulkangebiete im Lassen Volcanic National Park. Nach Kalifornien spielt unter den Nationalparkstaaten Utah mit fünf solcher Parks nicht nur quantitativ eine landschaftliche Hauptrolle. Das steinerne Amphitheater des Bryce Canyon

Zittern vor dem großen Beben

Seismografische Mess-Stationen in Kalifornien zeichnen Jahr für Jahr mit gleich bleibender Regelmäßigkeit mehr als 10 000 Klein- und Kleinstbeben auf, mit denen sich der unsichere Untergrund des Landes, meist von der Bevölkerung unbemerkt, in Erinnerung bringt. Gelegentlich fallen die Erschütterungen stärker aus, wie etwa am 17. Januar 1994, als ein Beben der Stärke 6,6 auf der Richterskala in Los Angeles schwere Verwüstungen anrichtete. Der Grund für die Naturkatastrophen ist immer der gleiche. Auf einer Länge von fast 1000 km zieht sich der San-Andreas-Graben wie eine gigantische Narbe vom nördlichen Kalifornien bis nach Mexiko durch das kalifornische Territorium und markiert wie ein Feuermal die erdbebenträchtigste Stelle der USA. An dieser 30 km tief in den Erdmantel reichenden Verwerfungszone reiben sich zwei Erdplatten aneinander. Die Pazifische Scholle driftet nach Nordwesten, während sich die Amerikanische Scholle langsam nach Südosten bewegt. Tief im Innern der Erde können sich die Schollen mit ihrem glühenden, zähflüssigen Gestein relativ ungehindert bewegen. In den oberen zehn Kilometern hingegen verkeilen sich die Gesteinsmassen, schrammen aneinander entlang und bauen über lange Zeiträume Deformationsenergien auf, die ihre Kraft irgendwann einmal schlagartig freisetzen. Das passierte im Jahr 1906, als ein großes Beben San Francisco in ein Trümmerfeld verwandelte, und es passierte wieder 1994, als das San Fernando Valley etwa 35 km nördlich von Downtown Los Angeles das Epizentrum bildete. Dass es sich zuletzt um das »Große Beben« handelte, vor dem Experten seit langem warnen, ist zu bezweifeln. Dafür war die Stärke wahrscheinlich zu gering.

Land der Naturwunder

Double O Arch, einer von vielen fantastischen Naturbögen im Arches National Park

National Park, die Schluchten und Klippen im Zion National Park und die unglaublichen Naturbögen im Arches National Park stellen jede Märchenkulisse in den Schatten.

Amerikas Pazifikküste beginnt an der kanadischen Grenze mit der tief eingeschnittenen Strait of Juan de Fuca, die zum riesigen, mit Myriaden von Inseln gefleckten Puget Sound führt. Die Meeressäume von Washington, Oregon und Nordkalifornien zeigen sich größtenteils noch so ungezähmt wie zur Zeit der ersten Entdecker. Das gilt auch für Big Sur, den grandiosesten Abschnitt der kalifornischen Steilküste südlich von Carmel, auf dem man der weltberühmte Highway One Achterbahn fährt. Weiter im Süden liegen zwischen Los Angeles und San Diego Dutzende von sonnenverwöhnten Sandstränden.

Für das Klima des Westens sind die parallel zur Küste verlaufenden Gebirgszüge von eminenter Bedeutung. Dem Meer am nächsten gelegen sind die Coast Ranges. Östlich davon verläuft die über 4000 m hohe Cascade Range. In Kalifornien trägt sie den Namen Sierra Nevada und besitzt mit dem 4418 m hohen Mount Whitney den höchsten Gipfel auf dem zusammenhängenden Staatsgebiet der USA. Die beiden Küstengebirge des Westens bilden mächtige Klimabarrieren, die verhindern, dass vom Meer her Feuchtigkeit nach Osten vordringt.

Im Osten des Kaskadengebirges dehnt sich in den Bundesstaaten Washington und Oregon eine steppenartige Hochfläche aus, deren Gesicht durch künstliche Bewässerung teilweise stark verändert wurde. Auf kalifornischem Boden erstreckt sich zwischen den Coast Ranges und der Sierra Nevada das Central Valley, die landwirtschaftlich am intensivsten genutzte Region der USA. Östlich der Sierra Nevada schließt sich das Great Basin mit dem Großen Salzsee an, ein abflussloses, wüstenhaftes Becken.

Am spektakulärsten zeigt sich der trockene Westen in den Wüstenlandschaften. Ein Drittel der Staatsfläche von Kalifornien und Arizona liegt in dieser heißen Zone. Dort erreichen die Temperaturen v. a. auf Lagen unter 900 m in der Sonora Desert bis über 50 °C, während die über 900 m liegende Mojave Desert etwas kühler ist.

Die Rocky Mountains, das bis zu 600 km breite Rückgrat Amerikas, sind das bekannteste Gebirge des Landes. Sie reichen bis nach New Mexico und dort bis fast an die mexikanische Grenze. Die höchste Erhebung liegt mit dem Mount Elbert (4399 m) im Bundesstaat Colorado, wo sich rund fünf Dutzend Viertausender zu einer einmaligen Gipfelkonferenz versammeln.

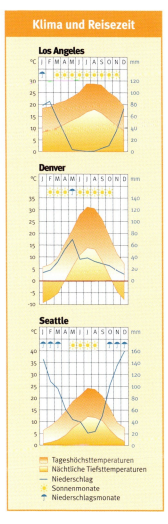

Klima und Reisezeit

In Anbetracht der großen Ausdehnung zwischen dem 49. und dem 32. Grad nördlicher Breite sowie des uneinheitlichen Reliefs verstehen sich starke klimatische Schwankungen von selbst. Im Unterschied etwa zu Europa verlaufen die als Wetterbarrieren fungierenden Gebirge nicht in Ost-West-, sondern in Nord-Süd-Richtung. Damit bestehen Möglichkeiten für einen relativ ungehinderten Austausch von Luftmassen zwischen dem arktischen Norden und dem warmen Golf von Kalifornien im Süden. Das hat zur Folge, dass im Hochsommer selbst in Idaho oder Montana die Temperaturen über 30 °C steigen können, während im südlichen Kalifornien oder in den Kakteenwäldern von Arizona im Winter schon mal ein Temperatursturz unter den Gefrierpunkt möglich ist.

Im Großen und Ganzen glänzt der Westen in der warmen Jahreszeit mit stabilem Wetter und angenehmen Temperaturen. Eine unsichere Wetterecke ist der pazifische Nordwesten, den die Bewohner selbst gerne als Regenloch bezeichnen. Das hat aber mehr mit einer Abschreckungsstrategie gegenüber Fremden zu tun als mit den meteorologischen Tatsachen. Denn in Seattle fallen etwa 80 % der Niederschläge zwischen Oktober und April, sodass im Sommer häufig Kaiserwetter herrscht. Regenreich und nebelverliebt sind jedoch die Küstenstriche bis hinab nach San Francisco. Überquert man im Sommer von der Stadt aus die Coast Range Richtung Central Valley, kommt das häufig einem Jahreszeitenwechsel von Herbst zu Hochsommer gleich.

Während im äußersten Südwesten im Winter die Niederschläge als Regen fallen, bringt die kalte Jahreszeit in den Rocky Mountains, der Sierra Nevada und den Coast Ranges riesige Schneemengen und macht Gegenden wie etwa um Aspen, Vail und Breckenridge (CO), um Park City (UT), um Jackson Hole (WY) und um den Lake Tahoe (CA/NV) zu renommierten Wintersportparadiesen.

Als Faustregel für Reisen im Westen gilt, dass die südlichen Teile im Frühjahr und Herbst, die nördlichen Regionen im Hochsommer angenehmer sind. Wenn in den Trockenregionen im Winter ausreichend Niederschläge gefallen sind, zeigt sich die Wüstenvegetation ab März in den schönsten Farben. Für einen Badeurlaub jedoch ist das Wasser um diese Zeit selbst in Südkalifornien zu kalt. Grundsätzlich erwärmt es sich im Hochsommer wegen der kalten Meeresströmungen vor der Küste höchstens auf 22 °C. Nördlich von San Francisco wagt sich nur noch ins Wasser, wer von Eisbären oder Pinguinen abstammt.

Natur und Umwelt

So unterschiedlich, wie sich die natürlichen Bedingungen des Westens zeigen, präsentieren sich auch Flora und Fauna. Das Pflanzenreich beherrschen kraft ihrer schieren Größe die riesigen Mammutbäume Kaliforniens, von denen es zwei Arten gibt. Der Redwood *(Sequoia sempervirens)* wächst in den nebelfeuchten Wäldern an den Küsten der nördlichen Landeshälfte,

Hölzerner Methusalem

Mitten in einer der trockensten Großregionen der USA gedeihen Lebewesen, die zu den ältesten der Erde zählen – Grannenkiefern, die mehrere tausend Jahre alt werden können. In den Inyo Mountains im östlichen Kalifornien und im Great Basin National Park am knapp 4000 m hohen Wheeler Peak im äußersten Osten Nevadas stehen noch ganze Wälder dieser uralten Kiefern, unter denen ein Wissenschaftler ein ganz besonderes Exemplar fand, nämlich den Baum mit der Vermessungsbezeichnung WPN-114. Diese Kiefer mit einem Umfang von 6,40 m wurde 1964 der Wissenschaft geopfert und gefällt. Die Vorgeschichte dieser Aktion begann bereits in den 1920er Jahren, und zwar in den Ruinen einer längst untergegangenen Indianerzivilisation im Chaco Canyon im westlichen New Mexico. Dort machten sich Archäologen daran, anhand von zu Bauzwecken verwendeten Baumstämmen mittels Dendrochronologie (Baumringanalyse) das Alter der betreffenden Bauwerke zu bestimmen. Diese Messmethode, die als Maßstab einen noch lebenden, möglichst alten Baum voraussetzt, ließ die Forscher nach derartigen Exemplaren suchen. Im Zuge dieser Forschungen stießen sie schließlich auf erstaunliche Funde: eine etwa 1650 Jahre alte Douglasie im Sun Valley in Idaho, eine 860 Jahre alte Ponderosa-Kiefer im Bryce Canyon, eine 975 Jahre alte Pinyon-Kiefer in Zentral-Utah und schließlich die Grannenkiefer WPN-114 im Great Basin. Nachdem der Oldie gefällt war, ermittelte man ein fantastisches Alter: 4900 Jahre. Damit war einer der ältesten Bäume auf der Erde entdeckt worden.

Land der Naturwunder

während der mit ihm verwandte Mammutbaum *(Sequoia gigantea)* sich in der Sierra Nevada auf Höhen über 1200 m am wohlsten fühlt.

Ab dem Frühjahr zeigt sich der Westen im schönsten Blumenkleid. Im Süden blühen in der Wüste die Kerzensträucher und die Fasskakteen, während das Poppy Preserve im Antelope Valley nördlich von Los Angeles einen orangefarbenen Teppich aus Mohnblumen bildet. Weiter im Norden beginnen im späten Frühjahr an den Flanken der Berge Wildblumenwiesen mit Primeln und dem in allen Rotschattierungen vorkommenden Indianer-Malerpinsel zu blühen.

Die Fauna, die man am besten im Yellowstone N. P. studieren kann, hat in Bären, Elchen, Wapitihirschen und Bisons ihre populärsten Vertreter. Weiter im Süden kommen Kojoten, Klapperschlangen, Kängururatten und Stinktiere sehr häufig vor.

Vor über 100 Jahren ereignete sich im amerikanischen Westen Bahnbrechendes: Um die spritzenden Geysire und dampfenden Seen im nordwestlichen Wyoming entstand 1872 mit Yellowstone der erste Nationalpark der Welt. Erstmals stellte die Regierung in Washington D.C. ein Territorium unter Naturschutz. Die Idee löste in den folgenden Jahrzehnten eine ökologische Bewegung aus, die weit über die Grenzen der USA hinausging.

Seit einigen Jahren gibt es in den USA hitzige Diskussionen über die Zukunft der Parks. Die Zahl der Besucher nahm Ende der 1990er Jahre solche Dimensionen an, dass sich Naturschützer ernsthaft Gedanken über das Überleben der Naturreservate machen. Selbst wenn sich nur ein geringer Teil der Parkbesucher nicht an die Regeln des Naturschutzes hält, reicht das schon aus, die Landschaften nachhaltig zu schädigen. Deshalb

Indianischer Guide im Monument Valley

berühren die Diskussionen bereits Tabus, die bisher noch als unantastbar galten: so etwa Erwägungen, nur noch bestimmte Besucherkontingente in die Parks zu lassen. Nach den Terroranschlägen vom 11. September 2001 ebbten die Besuchermassen jedoch ab, was zu einer Entspannung der Situation beitrug.

Bevölkerung

Die elf Bundesstaaten des Westens bringen es gemeinsam auf eine Bevölkerung von knapp 80 Mio. Menschen. Bevölkerungsreichster Staat ist Kalifornien mit ca. 34,5 Mio., bevölkerungsärmster dagegen Wyoming mit knapp 0,5 Mio. Einwohnern. Der jüngste Trend zeigt an, dass immer mehr Menschen v. a. den Ballungsraum Los Angeles verlassen und bislang dünn besiedelte Gebiete wie etwa Idaho oder Arizona demografisch stark zulegen.

Was die ethnische Zusammensetzung anbelangt, so ist Kalifornien der »bunteste« Staat mit ca. 59,5 % Weißen, 6,7 % Schwarzen, 11 % Asiaten und 32,4 % Einwohnern lateinamerikanischer Abstammung, die in

US-Statistiken ihrer Rasse nach nicht eindeutig zugeordnet sind. In vielen anderen Staaten des Westens liegt der Anteil der Weißen an der Gesamtbevölkerung über 80 %, der Anteil der Schwarzen ist meist geringer als 5 %. Den größten Anteil Spanisch sprechender Bevölkerung hat New Mexico mit ca. 42 %. »Jüngster« Staat der USA ist Utah, wo über 36 % der Bevölkerung höchstens 19 Jahre alt sind. Auch auf die Religion bezogen spielt Utah eine Sonderrolle. Mehr als die Hälfte der Einwohner sind Mormonen, Mitglieder der »Kirche Jesu Christi der Heiligen der letzten Tage« mit Salt Lake City als Zentrum.

Die einzigen Ureinwohner des Westens sind die *American Indians,* die Indianer. Teilweise lebten sie schon vor über 10 000 Jahren in dieser Region. In den Sandia Mountains in New Mexico etwa stießen Archäologen auf Pfeilspitzen, die mindestens 12 000 Jahre alt sind. Einige Gruppen, wie etwa die Navajo und die Apachen, wanderten aber erst aus dem hohen Norden ein, kurz bevor die ersten Spanier im 16. Jh. in den Südwesten der USA vorstießen.

Heute bilden die in der größten US-Reservation lebenden Navajo im Staatendreieck Arizona, New Mexico und Utah mit etwa 200 000 Menschen den größten indianischen Volksstamm des Westens. Relativ stark vertreten sind die American Indians auch in New Mexico, wo etwa 35 000 in 19 Pueblos (Dörfern) leben, die z. T. stark traditionalistisch ausgerichtet sind. Weiße Besucher sind dort nur geduldet, wenn sie sich dem herrschenden Verhaltenskodex beugen. Oft herrscht in den Dörfern Film- und Fotografierverbot.

In den südlichen Landesteilen des amerikanischen Westens zeichnet sich seit Jahren ein Prozess der regionalen »Re-Latinisierung« ab. Nachdem die USA in einem Eroberungskrieg gegen Mexiko (1846–1848) den gesamten Südwesten an sich gebracht hatten, holen sich die Mexikaner dieses Gebiet seit Jahrzehnten Schritt für Schritt zurück – durch legale und illegale Einwanderung. Zehntausende von Landarbeitern, ohne die die kalifornische Agrarindustrie undenkbar wäre, verdingen sich als billige Saisonarbeiter im amerikanischen Südwesten. Mehr noch leben in den Städten, wo in manchen Stadtvierteln die englische Sprache bereits durch das Spanische verdrängt wurde.

Wirtschaft

Die Grundstruktur der regionalen Wirtschaft des Westens ist zuletzt ins Wanken geraten. Die zugkräftigsten Motoren der Ökonomie brummten bis in die 1980er Jahre an der Pazifikküste, v. a. in Kalifornien, angetrieben von der durch Regierungsaufträge gefütterten Rüstungsindustrie. Zu Beginn des neuen Jahrtausends lahmt die wirtschaftliche Entwicklung. 2004 haben wirtschaftliche Probleme, die u. a. aus der kritischen Wasser- und Stromversorgung resultieren, auch den Golden State erreicht. Wasser musste im Süden schon mehrfach rationiert werden. Elektrizität muss Kalifornien inzwischen zusätzlich aus den restlichen USA beziehen.

Um Boise im berühmten Kartoffelstaat Idaho entstanden bis heute Konzernzentralen von über 500 Firmen u. a. des Hightech-Sektors und der Energiebranche. Die Hauptstadt des Bundesstaates Colorado, Denver, lebte früher fast ausschließlich von Öl und Erdgas, heute ebenso wie Phoenix in Arizona eher von Hochtechnologiebranchen des Kommunikations- und Informationssektors. Im Salt Lake

Land der Naturwunder

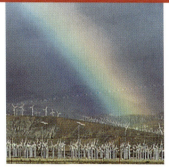

Regenbogen über der großen »Windfarm« westlich von Palm Springs

Valley zwischen Salt Lake City und Provo haben sich über 2500 Software, Internet-, Computer- und IT-Unternehmen angesiedelt, die jährlich über 8 Mrd. Dollar umsetzen.

Die Gründe, warum viele Unternehmen ihre Produktion von der Pazifikküste weiter ins Inland verlagern, sind vielfältig. Löhne, Unternehmenssteuern und Lebenshaltungskosten in Utah und Idaho sind viel geringer als in Kalifornien. Betriebskosten sind auch in Colorado und Arizona bedeutend niedriger als am Pazifik, während die Lebensqualität und das Bildungsniveau der Bevölkerung in vielen Städten der Rocky-Mountain-Region erheblich höher sind. Auch in Idaho scheint die Umstellung von Kartoffel- auf Computerchips keine vorübergehende Entwicklung zu sein. Vielmehr befindet sich die gesamte Region von Montana bis in den Süden nach New Mexico in einem Prozess der wirtschaftlichen Umstrukturierung.

Verwaltung

Ähnlich wie Deutschland sind auch die USA in Bundesstaaten unterteilt, allerdings verfügen die amerikanischen Bundesstaaten über eine erheblich größere Eigenständigkeit und mehr Zuständigkeiten. In jedem Staat wird die Gesetzgebung von zwei Kammern wahrgenommen (Repräsentantenhaus und Senat), an deren Spitze vom Volk auf vier Jahre gewählte Gouverneure stehen.

Steckbrief

- **Einwohnerzahlen:**
Kalifornien (CA) 34,5 Mio.;
Washington (WA) 6,2 Mio.;
Arizona (AZ) 5,3 Mio.;
Colorado (CO) 4,4 Mio.;
Oregon (OR) 3,6 Mio.;
Utah (UT) 2,4 Mio.;
New Mexico (NM) 2,0 Mio.;
Nevada (NV) 2,1 Mio.;
Idaho (ID) 1,5 Mio.;
Montana (MT) 1,0 Mio.;
Wyoming (WY) 0,56 Mio.
- **Größte Ballungsräume:**
Los Angeles (CA) 17,2 Mio. Einw.;
San Francisco (CA) 7,1 Mio. Einw.;
San Diego (CA) 2,9 Mio. Einw.;
Seattle (WA) 3,7 Mio. Einw.;
Phoenix (AZ) 3,5 Mio. Einw.;
Denver (CO) 2,5 Mio. Einw.
- **Höchster Punkt:**
Mount Whitney (CA) mit 4418 m
- **Tiefster Punkt:** Badwater im Death Valley mit −86 m
- **Wichtigste Wirtschaftszweige:**
Elektronik- und Computerindustrie (v. a. in Kalifornien, um Phoenix/AZ und in Utah), Flugzeug- und Fahrzeugbau (z. B. Boeing in Seattle), Landwirtschaft (v. a. Agrarindustrie im Central Valley/CA), Dienstleistungsgewerbe, Tourismus. Größter Hafen ist Long Beach/L. A.

Geschichte im Überblick

13 000 v. Chr. Erste jagende und sammelnde »Paläo-Indianer« im Südwesten.
Um 3000 v. Chr. Indianer beginnen mit dem Anbau von Mais.
1100–1300 n. Chr. Die Hochkultur der Anasazi-Indianer führt u. a. zu den Klippenbauten von Mesa Verde.
1540–1542 Unter Francisco Vasquez de Coronado erreicht eine spanische Expedition den Grand Canyon.
1542 In spanischem Auftrag erkundet der Seefahrer Juan Rodriguez Cabrillo die Küste Kaliforniens.
1598 Unter Juan de Onate beginnt die spanische Kolonisierung des Südwestens.
1680 Indianische Pueblo-Revolte in New Mexico gegen die Spanier.
1692 Rückeroberung der Pueblos unter Diego de Vargas.
1769 Die Spanier beginnen, Missionsstationen und Militärfestungen im heutigen Kalifornien zu bauen.
1804–1806 Die Lewis-und-Clark-Expedition erreicht in Oregon den Pazifik.
1847 Unter der Führung von Brigham Young erreichen die ersten Mormonen das Salt Lake Valley.
1846–1848 Krieg zwischen den USA und Mexiko. Mexiko verliert das Gebiet der heutigen US-Staaten Kalifornien, Nevada, Arizona, New Mexico und Colorado.
1853 Die USA kaufen von Mexiko für 10 Mio. $ das Gebiet südlich des Gila River in Arizona – der letzte Landkauf im Südwesten (Gadsden Purchase).
1859 Gold- und Silberfunde bei Virginia City/NV (Comstock Lode).
1864 Langer Marsch der Navajo-Indianer vom Canyon de Chelly (AZ) ins Exil nach New Mexico.
1868 Gründung der Navajo Indian Reservation im Nordosten Arizonas.
1869 Union Pacific und Central Pacific Railroad richten die erste Bahnverbindung zwischen dem Osten und Westen der USA ein.
1871 John Wesley Powell erkundet den Grand Canyon.
1872 Yellowstone wird der erste Nationalpark der Welt.
1886 Ende der Indianerkriege mit der Kapitulation des Apachenhäuptlings Geronimo.
1906 Am 18. April erschüttert ein schweres Erdbeben San Francisco, bei dem nachfolgenden Großbrand wird die Stadt zu 80 % zerstört.
1924 Die Indianer erhalten amerikanische Bürgerrechte.
1931 Legalisierung des Glücksspiels in Nevada.
1935 Fertigstellung des Hoover-Staudamms am Colorado River.
1945 Zündung der ersten Atombombe im Tularosa Basin/NM.
1994 Verheerendes Erdbeben am 17. Januar in Los Angeles.
2002 Olympische Winterspiele in Salt Lake City.
2003 Der Schauspieler Arnold Schwarzenegger wird Gouverneur von Kalifornien.
2004 Las Vegas nimmt die Monorail, eine automatische Magnetbahn, in Betrieb. Der Mount St. Helens spuckt Rauch und Asche, es kommt aber nicht zum Ausbruck.
2005 In Albuquerque beginnen die Feierlichkeiten zum 300. Gründungsjubiläum (Dauer bis 2006).

Kultur gestern und heute

Architektur

Schon Jahrhunderte bevor in Chicago im ausgehenden 19. Jh. die Wolkenkratzer-Bauweise aus der Taufe gehoben wurde, errichteten die Indianer des Südwestens ihre Pueblos im Adobe-Baustil mit einem Gemisch aus Lehm, Wasser und zerkleinertem Stroh. Während sich das Baumaterial seitdem änderte und nun modernen Anforderungen genügt, blieb die verschachtelte Adobe-Bauweise v. a. in New Mexico, besonders in Santa Fe, typisch. Mit den ersten Spaniern hielt in der Kolonialzeit der Missionsstil Einzug, mit kalifornischen Missionsstationen am Camino Real (s. S. 55).

In Städten wie San Francisco war im ausgehenden 19. Jh. der viktorianische Baustil modern, der heute noch einige Viertel wie den Mission District oder die Gegend um den Alamo Square prägt. Seite an Seite mit älteren Häusern bestimmen inzwischen moderne Bauten das Stadtbild der großen Metropolen, so z. B. die von Stararchitekt Frank Gehry entworfene, geradezu futuristisch anmutende Walt Disney Concert Hall in Los Angeles.

Literatur

Der Westen, vor allem Kalifornien, war die Heimat zahlreicher prominenter Literaten. Jack London wuchs in Oakland auf, während John Steinbeck aus Salinas stammte und mit seinem Roman »Die Straße der Ölsardinen« der Stadt Monterey ein literarisches Denkmal setzte. Mark Twain, Robert Louis Stevenson und später Henry Miller lebten und arbeiteten ebenso im »Golden State« wie die Kriminalautoren Raymond Chandler, Ross MacDonald und Dashiell Hammett. Nach dem Zweiten Weltkrieg machten die Schriftsteller der Beat-Generation wie Jack Kerouac und Allen Ginsberg von sich reden. Heute ist es vor allem der Erzähler T. C. Boyle. Er verarbeitet nicht nur fiktive Stoffe, sondern beschäftigt sich in einem seiner Romane auch mit der Klimakatastrophe.

Westerngeschichten

Bereits in den 1940er Jahren ließ Regisseur John Ford Postkutschengespanne von wilden Indianerhorden verfolgen und bannte die Szenen auf Zelluloid. Leinwanderfolge wie Kevin Costners »Der mit dem Wolf tanzt« und Clint Eastwoods »Erbarmungslos« leiteten nach einer langen Zeit des Desinteresses in den 1990er Jahren die Renaissance des Westerns ein. In Arizona und Nevada schwang sich die Filmindustrie jüngst zu einem millionenschweren Geschäft auf.

Im historischen **El Rancho Hotel** in Gallup (New Mexico) kommen Westernfans auf ihre Kosten. An den Wänden der Lobby hängen Fotos von Schauspielern, die im Westen vor der Kamera standen: von Tom Mix über Henry Fonda bis zu Jimmy Stewart, Gregory Peck und Spencer Tracy (1000 E. 66th Ave., Tel. 505/ 863-9311, www.elranchohotel.com; ○).

Indianische Spurensuche

Nachweislich lebten indianische Gruppen als Jäger und Sammler bereits vor mehr als 10 000 Jahren im Westen, wie

Kultur gestern und heute

Mit den Spaniern hielt der Missionsstil im Westen Einzug

Indianische Storyteller-Figur

archäologische Funde etwa in New Mexico zeigen. Deutlich fassbarer werden die Spuren der Ureinwohner in nachchristlicher Zeit vor allem im so genannten Four Corner-Gebiet um den gemeinsamen Schnittpunkt der Staaten Colorado, Utah, Arizona und New Mexico. Dort bildete sich die Kultur der Anasazi heraus, die etwa zwischen 1100 und 1300 ihre Blüte erreichte. Damals bauten die Menschen Wohnanlagen in steile, unzugängliche Felswände, wie sie heute noch im Mesa Verde National Park oder im Chaco Canyon zu sehen sind. Um 1300 verschwanden die Anasazi aus ihrer Heimat mit unbekanntem Ziel. Ebenfalls zu den Pueblo-Indianern zählen die in Arizona ansässigen Hopi, die sich heute mit der Herstellung von zeremoniellen Kachina-Puppen den Kunstgewerbemarkt im Süden mit den auf Türkisschmuck und Decken spezialisierten Navajo teilen.

Je weiter weiße Entdecker und Siedler seit dem 16., vor allem aber seit dem 19. Jh. in den Westen vorstießen, desto mehr drängten sie die indianische Bevölkerung zurück – im Süden neben den Apachen die Navajo, die Ute und die Pueblo-Indianer, im Norden die Sioux, Cheyenne, Nez Perce, Blackfeet und Shoshone. In den nördlichen Prärien und Plains hatte sich, nachdem die Indianer von den Spaniern das Pferd übernommen hatten, seit Mitte des 18. Jhs. eine Bisonjägerkultur herausgebildet, die zum Inbegriff des Indianertums auf dem nordamerikanischen Kontinent schlechthin wurde. Erst in der Schlacht am Wounded Knee in den Badlands von South Dakota brach 1890 mit der Niederlage der Sioux gegen die US-Armee der Widerstand endgültig zusammen. Im Süden wurden um dieselbe Zeit die Apachen von der Armee gewaltsam befriedet.

Es ist daher nicht verwunderlich, dass die traditionelle Indianerkultur seit dem ausgehenden 19. Jh. ein langes, tiefes Tal durchschritt. Erst Mitte des 20. Jhs. erlebten Sitten und Bräuche vieler Gruppen, ermutigt durch die schwarze Bürgerrechtsbewegung, eine Renaissance, flackerte der indianische Widerstand gegen über Jahrhunderte hinweg verübtes Unrecht wieder auf. Dieses neue Bewusstsein und Selbstverständnis veränderte auch die Kunstlandschaft. Wie vor allem die Malerei zeigt, lösten sich zahlreiche indianische Künstler von überkommenen Mustern und vom lange gepflegten Traditionalismus. Sie beschäftigten sich nicht mehr mit der häufig romantisierenden Darstellung stereotyper Indianerszenen, sondern legten mit ihrer Aquarell- und Ölmalerei die Widersprüche ihrer gegenwärtigen Existenz offen.

Zu den bekanntesten Vertretern dieser Modernisten gehören etwa der Sioux Oscar Howe (1915–1983) mit seinen nach einer Europareise begonnenen kubistischen Versuchen und der 1978 verstorbene Caddo-Kiowa T. C. Cannon. Er betitelte eines seiner Gemälde »Village with Bomb«. Darin stellte er einen Atompilz dar, der sich über indianischen Tipis in den Himmel schraubt, eine Reminiszenz an den ersten Nukleartest 1945 im südlichen New Mexico. Das Bild zeigt, dass sich die indianische Kunst aus ihren orthodoxen Fesseln zu befreien begann, ohne ihre Wurzeln zu leugnen.

Feste & Veranstaltungen

- **1. Januar Tournament of Roses Parade.** Rosenfest in Pasadena bei Los Angeles.
- **Anfang/Mitte Februar Chinese New Year** in den Chinatowns von San Francisco und Los Angeles mit tanzenden Drachen und Knallfröschen.
- **Im April Cherry Blossom Festival** und **International Film Festival** in San Francisco.
- **5. Mai Der Mexikanische Unabhängigkeitstag** *(Cinco de Mayo)* wird vielerorts im Südwesten der USA gefeiert. **Seattle International Filmfestival.**
- **Drittes Wochenende im Juni Battle of Little Big Horn Reenactment.** Die Schlacht am Little Big Horn wird auf dem historischen Schlachtfeld östlich von Billings (MT) nachgestellt.
- **Ende Juni Gay Freedom Day Parade.** Schwulen- und Lesbenfest mit großer Parade in San Francisco.
- **4. Juli Independence Day.** Amerikanischer Unabhängigkeitstag mit Feuerwerken überall im Land und vielen Rodeos; gleichzeitig **Frontier Days** in Prescott (AZ) mit Rodeos und Westernparaden.
- **Anfang Juli Rodeo Cody Stampede,** eine der populärsten Westernveranstaltungen von Wyoming.
- **Zweite Juliwoche North American Indian Days.** Stämme aus dem ganzen Westen feiern in Browning (MT) ein großes Indianerfest mit Tänzen und Trommlerwettbewerben.
- **Ende Juli Cheyenne Frontier Days,** zehntägiges Westernfestival mit Rodeos und Paraden; **Spanish Market** in Santa Fe (NM), auf dem Kunstgewerbe, Schmuck, Devotionalien und Möbel verkauft werden.
- **Mitte August Inter-Tribal Ceremonial.** Großes Indianerfest in Gallup (NM).
- **Erstes Wochenende im September Mountain Men Rendez-vous** in Fort Bridger in Wyoming; **Fiesta de Santa Fe** in Santa Fe (NM).
- **Anfang Oktober Heißluftballon-Festival** in Albuquerque (NM).
- **31. Oktober Halloween.** Kinder verkleiden sich als Monster und schmücken die Häuser mit skurrilen Dekorationen.
- **Anfang Dezember Filmfestival** in Santa Fe.

Essen und Trinken

Typisch Amerikanisches

Was das Essen und Trinken anbelangt, könnte man bisweilen meinen, der Westen befände sich noch auf dem »Großen Treck«. Zwar hat die europäische Küche in größeren Städten längst manch nobles Restaurant erobert, ebenso wie chinesische, japanische oder thailändische Meister ihres Faches sich in der Gastronomie etablierten. Doch wer sich auf dem Lande nach einem langen Arbeitstag an den Tisch setzt, will handfeste Portionen auf dem Teller sehen. Wer seinen Tag mit Spiegeleiern und Speck, Bratkartoffeln, einem Berg Pfannkuchen mit Ahornsirup und ein paar Toastscheiben beginnt, den wirft so leicht nichts um. Freizeitcowboys, die lediglich ihren fahrbaren Untersatz in den Griff bekommen müssen, können sich mit den kalorienärmeren Varianten eines Westernfrühstücks wie diversen *Cereals* (Getreideflocken), Waffeln mit Früchten oder Toast mit cholesterin-entschärfter Butter in Schwung bringen.

Zu den Spezialitäten des Westens gehören natürlich Steaks in allen Variationen. Ob *Rib Eye Steak*, *Prime Rib* (zarter Rinderbraten aus dem Ofen) oder ein 700 g schweres *Porterhouse Steak* – die beliebte Beilage, nämlich Ofenkartoffel mit Sauerrahm, stammt traditionell aus Idaho. Der Bundesstaat beliefert ganz Amerika mit seinen berühmten Riesenkartoffeln, die sich auch hervorragend zu Chips oder Pommes frites verarbeiten lassen. Eine beliebte Kombination sind Steaks mit *Jumbo Shrimps*, also Riesenkrabben. Der Pazifische Ozean sorgt für eine reiche Auswahl an Krabben, Muscheln und Fischen wie Lachs, Heilbutt oder Catfish. Entlang der ganzen Küste wird aus den diversen Meeresfrüchten *Clam Chowder* gekocht, ein gebundener Fischeintopf mit Muscheln und Kartoffeln, wofür jeder Koch sein Geheimrezept besitzt.

Liebhaber der südwestlichen Küche kommen in Santa Fe im **Coyote Café** (132 Water St., Tel. 505/ 983-1615; kein Ruhetag) bei exquisiten Fleischgerichten und vegetarischen Speisen auf ihre Kosten. ○–○○

Mexikanischer Feuerzauber

Die mexikanische Küche mit ihren oft feurigen Zutaten wie Chilischoten und Salsa hat sich hauptsächlich in den südlichen Gefilden des amerikanischen Westens fest etabliert. Scharf gewürzte Chili-Eintöpfe mit Fleisch und Bohnen sind ebenso beliebt wie Tortillas mit Hackfleisch, Hühnerfleisch, Bohnen, Käse, Salat, Tomaten oder frischem Gemüse. Traditionelle Beilagen sind die *Refried Beans* (schmackhaftes Bohnenmus), Reis, Sauerrahm und *Guacamole*, ein Püree aus Avocados und Limonensaft.

Ein stilechter, von Kalifornien bis nach Texas sehr beliebter Aperitif zu einer mexikanischen Mahlzeit ist die *Margarita*, die aus Tequila mit Limonensaft und Orangenlikör besteht. Eine etwas süßere Variante ersetzt die Limonen durch Erdbeeren. Als Getränk zum Essen passt das gute mexikanische Bier, das etwas stärker gebraut ist als amerikanische Biersorten.

Navajo Fry Bread

Das in schwimmendem Fett ausgebackene »Brot« der Navajo-Indianer wird gelegentlich an Straßenständen

Essen und Trinken

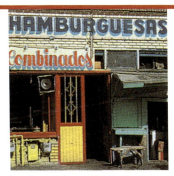

Hamburgerladen auf Mexikanisch

Kalifornische Weine

angeboten. Es ähnelt einem tellergroßen Krapfen und wird entweder süß mit Puderzucker bestäubt oder Honig bestrichen gegessen oder aber salzig mit roten Bohnen und Gemüsen. Man bekommt die Spezialität u. a. an den Straßenständen am Eingang zum Monument Valley.

⭐ Im Restaurant des **Indian Pueblo Cultural Center** in Albuquerque (2401 12th St. N.W., Tel. 505/843-7270) kann man typisch indianische Gerichte probieren. ○

Das kalifornische Weinanbaugebiet beginnt nahe der mexikanischen Grenze und zieht sich bis in den nördlichen Landesteil hinauf, wo die besten Tropfen im Napa Valley und im Sonoma County nördlich von San Francisco gedeihen. Internationalen Wettbewerben halten die Chardonnays, Cabernet Sauvignons, Pinot Noirs, Sauvignon Blancs, Rieslingsorten und Champagner durchaus stand. Weniger bekannt sind die Weinlagen im Staate Washington östlich der Cascade Range. Auch Oregon hat eine Reihe von Weinbergen, hauptsächlich im Willamette Valley.

Etikette im Westernstil

Auch wenn nicht alle Bewohner des Westens Cowboys sind, so haben sie – und alle anderen Amerikaner ebenso – eine Sitte aus alten Zeiten beibehalten. Eindeutig als Europäer entlarvt sich, wer während des Essens gleichzeitig mit Messer und Gabel hantiert. Amerikanische Tischsitten erfordern, dass das Fleisch zuerst geschnitten wird und dann die linke Hand unter dem Tisch »brachliegt«. Es gibt verschiedene Interpretationen dieser Tischmanieren. Unstrittig ist wohl, dass sie aus Zeiten stammen, die nicht ganz so friedlich, sondern eher stark bleihaltig waren. Eine Version besagt, dass die linke Hand für den Colt gebraucht wurde, der während des Essens lässig (und geladen) unter dem Tisch in Habachtstellung parat lag. Nicht ganz von der Hand zu weisen ist auch der Gedanke, dass die verwendeten Messer nicht gerade zierliche Geräte waren, sondern durchaus taugliche Waffen. Um wenigstens während der wohlverdienten Mahlzeit Ruhe zu haben, konnte so jedermann zeigen, dass er lediglich eine harmlose Gabel in der Hand hielt.

Urlaub aktiv

Wenn es einen internationalen Trendsetter in Sachen Freizeit und Sport gibt, so verdient der amerikanische Westen diesen Namen. Nicht nur, dass in Kalifornien so populäre Sportarten wie Surfen, Rollerskating und Mountainbiking die marktwirtschaftlichen Weihen erhielten: Das westliche Amerika zeigt sich so »outdoor«-orientiert wie keine andere Region der USA.

Kletterer im Joshua Tree National Park

Klettern

Der gebirgige Westen bietet eine Reihe erstklassiger Kletterparadiese. Eine weltbekannte Herausforderung ist der 989 m hohe, fast senkrechte Monolith El Capitan im Yosemite N. P. Auch die »steilen Zähne« der Grand Tetons in Wyoming bieten mit vielen Routen nervenaufreibende Herausforderungen. Beste Kletterzeit ist von Mitte Juli bis Ende September, wenn ein Teil des Schnees abgeschmolzen ist. Permits für Klettertouren stellt die Ranger Station am Jenny Lake aus. Die bekannteste Route auf den 4197 m hohen Grand Teton führt von Lupine Meadows über den Amphitheater Lake Trail zum Garnet Canyon Trail, dem Aufstieg zum Sattel zwischen Grand Teton und Middle Teton. Klettertouren am 4392 m hohen Mount Rainier organisiert **Rainier Mountaineering,** P. O. Box Q, Ashford, WA 98304, Tel. 888/892-5462, www.rmiguides.com.

Reiterferien

Wer seine Ferien im Sattel verbringen möchte, findet eine stattliche Auswahl an Gäste-Ranches (s. Special S. 11). Die meisten liegen in Arizona. Die **Arizona Dude Ranch Association** (P. O. Box 603, Cortaro, AZ 85652, www.azdra.com) verschickt Prospekte über Ferien-Ranches rund um Tucson und Phoenix. Mitten in einer der schönsten Wüstenlandschaften mit ganzen Wäldern von Saguaro-Kakteen liegt die **Tanque Verde Guest Ranch** (14301 E. Speedway Blvd., Tucson, AZ 85748, Tel. 520/296-6275, www.tvgr.com). Die Gäste wohnen in separat stehenden Häuschen, vor denen morgens und abends Wildschweine ihre Nahrung suchen. Neben Reitausflügen in die typische Westernumgebung werden viele sportliche Aktivitäten angeboten.

Noch etwas ursprünglicher geht es auf der schön gelegenen **Grapevine Canyon Ranch** (P.O. Box 302, Pearce, AZ 85625, Tel. 520/826-3185, www.gcranch.com) zu, einer noch im Betrieb befindlichen Rinder-Ranch, auf der sicher im Sattel sitzende Gäste im Mai und November beim großen **Cattle Round-up** Seite an Seite mit professionellen Cowboys das Vieh zusammentreiben können. In der Umgebung der Ranch, die im 19. Jh. zu den Jagdgründen der Apachen zählte, lie-

Urlaub aktiv

Für Ferien im Sattel bieten sich zahlreiche Möglichkeiten

Wildwasserabenteurer

gen viele Besichtigungsziele wie Cochise Stronghold, denen man auf dem Pferderücken einen Besuch abstatten kann. Nicht weit entfernt vom Bryce Canyon liegt die **Rockin' R Ranch** (10274 S. Eastdell Dr., Sandy, UT 84092, Tel. 801/733-9538, www.rocknrranch.com), ebenfalls eine echte Working Ranch mit Lagerfeuer-Romantik und Ausritten.

Wildwassertouren

Das Colorado-Plateau bildet mit tief eingeschnittenen Canyons eines der aufregendsten Wildwasserreviere in den USA. Am populärsten sind die Trips auf dem Colorado River durch den Grand Canyon (Infos erteilt **Rivers & Oceans,** 12620 N. Copeland Lane, Flagstaff, AZ 86004, Tel. 928/526-4575, www.rivers-oceans.com). Aber auch der Snake River sorgt für feuchten Nervenkitzel (s. Special S. 6).

Hausbootferien

Um die Seele baumeln zu lassen, bieten sich Hausbootferien auf dem malerischen Lake Powell an. Mit bequemen Hausbooten tuckern ganze Familien durch die Canyonlandschaft und erkunden versteckte Seitenarme im gigantischen Labyrinth der Wasserwege. Mehrere Marinas bilden mit ihren Läden, Unterkünften und Tankstellen wichtige Versorgungsstützpunkte. Boote mindestens drei Monate im Voraus reservieren (s. S. 67)!

Wintersport

Der amerikanische Westen besitzt eine Reihe renommierter Wintersportgebiete, unter denen Aspen und Vail in Colorado an der Spitze stehen. Selbst der in manchen Teilen wüstenhaft heiße Staat Utah wirbt auf seinen Autokennzeichen mit dem Motto »Greatest Snow on Earth«. Die olympischen Skigebiete liegen östlich der Hauptstadt Salt Lake City auf den Höhen der Wasatch Range. Weiter im Norden bildet Jackson Hole (WY) ebenso eine Hochburg des weißen Vergnügens wie die Region um den Lake Tahoe.

Golfen in der Wüste

In den letzten Jahren etablierte sich Arizona mehr und mehr als klassische Golfer-Destination. Im ganzen Land gibt es etwa 250 Golfanlagen, allein je 100 davon in der Umgebung von Phoenix und Tucson.

Unterkunft

Hotels und Motels

Eine Vielzahl von Motels und Hotels macht das Reisen in den Vereinigten Staaten angenehm. Die Unterkünfte haben in der Regel einen guten Standard, große Ketten bieten an allen Orten das gleiche Niveau und können teilweise bereits in Deutschland gebucht werden.

Wer auf gut Glück reist, sollte vor Wochenenden oder Feiertagen sowie in der Hauptsaison in der Nähe von viel besuchten Nationalparks rechtzeitig telefonisch reservieren. Dabei bieten sich die gebührenfreien 1-800-Nummern der Motelketten (zu finden in den Yellow Pages) an. Wer eine Kreditkarte besitzt, kann unter Angabe der Kartennummer eine Buchung vornehmen, die auch bei Ankunft nach 18 Uhr aufrechterhalten wird. Allerdings muss das Zimmer auch dann bezahlt werden, wenn man es nicht in Anspruch nimmt.

Die Übernachtungspreise gelten in der Regel für ein oder zwei Gäste. Zusätzliche Personen zahlen einen Aufpreis, Kinder können in Mittelklasse-

An dieser Straße in Flagstaff reiht sich ein Motel an das andere

hotels häufig kostenlos übernachten. Die Betten haben entweder King-Size-Format (2 x 2 m) oder Queen-Size-Größe (französisches Doppelbett), »Twins« sind zwei getrennte Betten. Zur Grundausstattung gehören stets ein Fernsehgerät, Telefon und manchmal ein Swimming- oder Whirlpool.

Frühstück ist in den amerikanischen Hotels und Motels meistens nicht im Preis eingeschlossen, allerdings bieten manche Hotels ein Continental Breakfast an, das in der Regel aus einem Gebäckstück und Kaffee besteht. Zu den regulären Zimmerpreisen kommen überall noch Steuern hinzu, die je nach Bundesstaat über 10 % ausmachen können.

Ranches

Das richtige Westerngefühl kommt auf einer Pferde-Ranch auf. Während einige **Working Ranches** noch den Cowboybetrieb aufrechterhalten, sind die meisten **Dude Ranches** gepflegte Resorts, die Ausritte und andere sportliche Aktivitäten anbieten (s. auch S. 11, 26).

Resorts

Diese Hotelanlagen gehören zum Feinsten, was die amerikanische Hotellerie zu bieten hat. Sie sind Oasen der Erholung, mit vielfältigen Sport- und Freizeitmöglichkeiten. Oft wird ein Mindestaufenthalt von drei Tagen verlangt. Die Preise beginnen etwa bei 150 $ – mit einer nach oben offenen Skala. Auskünfte dazu erteilen die jeweiligen Touristenbüros.

Bed & Breakfast

Unter dem Kürzel B&B werden Privatunterkünfte angeboten. Diese haben ganz unterschiedliche Standards, von einfachen Pensionen mit Familienanschluss bis hin zu geschmackvoll restaurierten historischen Häusern (s. auch Special S. 11).

Jugendherbergen

Die Häuser der American Youth Hostels befinden sich meist in Großstädten. Der Internationale Jugendherbergsausweis ist obligatorisch. Alle Adressen stehen im »Hostelling International Handbook«, Vol. 2, und im »American Youth Hostel Handbook«, die man im Buchhandel oder beim Jugendherbergsverband erhält.

Camping

Ausgezeichnet, aber relativ teuer sind die Anlagen der privaten Kette KOA. In schöner Umgebung, preisgünstiger, aber nicht so komfortabel ausgestattet sind die öffentlichen Campingplätze, die man in State oder National Parks findet. Gute Campingführer: »Woodall's Tenting Directory« und »Rand McNally Campground and Trailer Park Guide«.

Hotelketten in Deutschland

Von den Vertretungen der großen Hotelketten kann man sich die neuesten Hotelführer (Directory mit Preisangaben) zusenden lassen. Viele der Ketten bieten zur Reservierung auch 0130- oder 0800-Nummern, die innerhalb Deutschlands gebührenfrei sind.

- **Best Western Hotels,** Frankfurter Str. 10–14, 65760 Eschborn, Tel. 01 80/2 21 25 88; www.bestwestern.com
- **Choice Hotels,** Stahlgruberring 1, 81829 München, Tel. 0 89/ 42 00 15-0, www.choicehotels.com (Deutschland-Vertretung für Quality Inns, Comfort Inns, Sleep Inns, Econo Lodge, Roadway Inns und Clarion Hotels)
- Die Motelketten **Days Inn** (www.daysinn.com), **Howard Johnson Hotels** (www.hojo.com), **Travelodge** (www.travelodge.com) und **Motel 6** (www.motel6.com) haben keine eigenen Vertretungen in Deutschland und können nur über die betreffenden Internetseiten reserviert werden.
- **Hilton Hotels,** Tel. 08 00/ 1 81 81 46, www.hilton.com
- **Hyatt Hotels,** Rheinstr. 4 f, 55116 Mainz, Tel. 0 18 05/23 12 34 oder 0 61 31/97 31 67 89; www.hyatt.com
- **Marriott Hotels,** Hamburger Allee 2–10, 60486 Frankfurt/M., Tel. 08 00/1 85 44 22 oder 0 69/ 79 55 22 22; www.marriott.com
- **Six Continents Hotels** (Holiday Inn, Holiday Inn Express, Crowne Plaza, Intercontinental); www.ichotelsgroup.com
- **Starwood Hotels** (Westin und Sheraton Hotels), Lyoner Str. 44–48, 60528 Frankfurt/M., Tel. 08 00/32 53 53 53 (Sheraton) bzw. 08 00/32 59 59 59 (Westin); www.starwood.com

Reisewege und Verkehrsmittel

Anreise

Die günstigsten Zielflughäfen für Reisen in den amerikanischen Westen sind je nach Reiseroute oder Reiseschwerpunkt Los Angeles und San Francisco in Kalifornien, Phoenix in Arizona, Las Vegas in Nevada, Albuquerque in New Mexico, Denver in Colorado, Salt Lake City in Utah, Seattle in Washington oder Portland in Oregon. Los Angeles und San Francisco werden von Frankfurt/Main aus von mehreren Fluggesellschaften nonstop angeflogen. Die übrigen Städte erreicht man in der Regel über einen Zwischenstopp.

Wegen des Euro-Dollar-Wechselkurses und gestiegener Spritpreise bei Airlines lohnt es sich, in Reisebüros auf Schnäppchenjagd zu gehen. Für Jugendliche bis 24 und Studenten bis 29 Jahre gibt es bei der Lufthansa günstige Jugendtarife.

Noch günstiger als die Sondertarife der Linienflüge sind Charterflüge. Zahlreiche Reiseveranstalter bieten Pauschalreisen an, die neben einem Linien- oder Charterflug Unterkunft und Mietwagen einschließen.

Unterwegs im Westen

Flugzeug
Lohnend kann der Erwerb eines Visit-USA-Flugpasses sein, den es bereits im Heimatland zu kaufen gibt und der billige Flüge innerhalb Amerikas ermöglicht. Dieses Angebot haben verschiedene Fluglinien. Die preisgünstigsten Flugverbindungen innerhalb des amerikanischen Westens sind so genannte No-Frills-Flüge (ohne Bordservice) von United, Southwest oder America West.

Die United-Tochter »TED« (www.flyted.com) fliegt im Westen der USA Ziele wie Denver, Los Angeles, San Francisco, Reno, La Vegas und Phoenix an. Ebenfalls zu Discount-Tarifen verkehrt Sun Country Airlines (www.suncountry.com), die viele Ziele im Westen anfliegt wie Denver, Los Angeles, Phoenix und Seattle.

Bahn
Die großen Amtrak-Linien verbinden Seattle mit Portland (OR) und Oakland bei San Francisco, Los Angeles oder San Diego in Kalifornien. Amtrak bietet mehrere Bahnpässe an, die für unterschiedliche Dauer zu beliebig vielen Fahrten berechtigen (nur außerhalb der USA zu kaufen). Der Far West Region Rail Pass gilt z. B. für den gesamten Westen (www.amtrak.com/savings/usarail.html).

> Vertretungen der **Amtrak:**
> Meso Amerika-Kanada-Reisen, Wilmersdorfer Str. 94, D-10629 Berlin; www.meso-berlin.de.
> Reisebüro Kuoni, Neue Hard 7, CH-8037 Zürich. In den USA: Tel. 1-800/872-7245; www.amtrak.com.

Bus
Das Routennetz der Greyhound-Buslinien verbindet die größeren Orte des Westens. Abgelegene Naturparks und andere Attraktionen sind damit jedoch meist nicht erreichbar. Den für unterschiedliche Zeitdauer und Regionen gültigen, preisgünstigen Ameripass kann man nur im Heimatland kaufen. Auskünfte: Meso Amerika-Kanada-Reisen (s. o.). Auch STA Travel Shops (www.statravel.de) in Deutschland, Österreich und der Schweiz verkaufen Greyhound-Tickets.

Reisewege und Verkehrsmittel

Auf schnurgeraden Straßen durchfährt man die schier endlosen Weiten des Westens

Auto

Das Mindestalter, um einen Wagen zu mieten, ist 21 Jahre, bei Wohnmobilen 24 Jahre. Manche Mietwagenfirmen verlangen den internationalen Führerschein. Es ist meist günstiger, den Wagen bereits im Heimatland anzumieten. Wer nicht mit Kreditkarte bezahlt, muss eine hohe Kaution in bar hinterlegen. In vielen Staaten gelten Inklusivpreise (einschl. Haftpflichtversicherung). Gibt man den Wagen an einer anderen als der Anmietstelle zurück, wird u. U. eine Rückführungsgebühr fällig. Das gilt nicht innerhalb von Kalifornien (inkl. Las Vegas). Mitglieder des ADAC erhalten gegen Vorlage der Mitgliedskarte bei den Filialen des amerikanischen Automobilclubs AAA kostenloses Informations- und Kartenmaterial.

Typische US-Verkehrsregeln

Auf Landstraßen sind meist 55, auf den Autobahnen 70 und innerhalb von Ortschaften 15–30 m.p.h. das Maximum. Rechtsabbiegen bei Rot ist grundsätzlich erlaubt außer an Kreuzungen, an denen es Hinweisschilder verbieten. An gelben Schulbussen, die ihre Blinkanlagen eingeschaltet haben, um Kinder aussteigen zu lassen, darf man nicht vorbeifahren, auch nicht aus der Gegenrichtung. Auf mehrspurigen Highways ist Rechtsüberholen gestattet. Der Sicherheitsgurt ist in den meisten Bundesstaaten obligatorisch. Beim Parken in den steilen Straßen von San Francisco muss der Gang eingelegt, die Handbremse angezogen und das Lenkrad zum Bordstein hin eingeschlagen werden. Geparkt werden sollte nie in Tow-away-Zonen (Abschleppzonen) oder vor Hydranten, die durch rote Bordsteinkanten markiert sind.

> ### Raserei unerwünscht
>
> Mit der amerikanischen Verkehrspolizei ist nicht zu spaßen. Sie setzt modernste Technik ein, um Rasern das Handwerk zu legen. Wer erwischt wurde, bleibt im Auto und wartet, bis der Polizist zum Wagen kommt.

***San Francisco

Superstar ohne Allüren

Die berühmte Bucht von San Francisco kleidet sich in Grau. Feucht und schwer treibt der Wind zerzauste Nebelfetzen vom Pazifik her. Plötzlich blinkt aus der eintönigen Waschküche ein roter Pfeiler, der mit Stahltrossen an den treibenden Wolken befestigt zu sein scheint. Von einer Minute auf die andere taucht die Golden Gate Bridge wie ein schwereloses Phantom aus dem Nichts auf. Zwei, drei Windstöße später sackt der nasse Wolkenbrei unter die vielspurige Brückenfahrbahn und gibt den Blick frei auf die elfenbeinfarbene Skyline am entfernten Horizont. San Francisco – kalifornisches Traumziel, Amerikas Stadt der Städte, lange schon Endstation Sehnsucht für die Zunft der Weltreisenden.

Die Bay-Metropole (740 000 Einw.) unterscheidet sich in mancher Hinsicht vom restlichen Amerika, gilt sie Kennern doch als eine der unamerikanischsten Städte des Landes. Das betrifft nicht nur das eher europäisch wirkende Stadtbild mit steilen und krummen Straßen, sondern auch die Mentalität der Einwohner, die sich liberaler und modernen Trends und Strömungen gegenüber aufgeschlossener zeigen als im Rest der USA.

Stadtgeschichte

Erst 1769 entdeckte eine spanische Landexpedition unter Gaspar de Portola die Bucht von San Francisco und mit ihr einen der besten natürlichen Meereshäfen der Welt. Sieben Jahre später gründeten Spanier an dieser Stelle mit dem Presidio einen Militärstützpunkt und mit der Mission Dolores die sechste Station am Camino Real, einer alle kalifornischen Missionen verbindenden Straße (s. S. 55).

Die Siedlung an der Bay entwickelte sich nur langsam. Walfänger aus Neuengland, russische Fallensteller, weiße Pelzhändler und Seeleute machten hier ihre Stippvisiten, bis 1848 der kalifornische Goldrausch die Weichen für eine neue Zukunft stellte. Zu Tausenden strömten die Glücksritter über San Francisco ins Land. 1850, als Kalifornien US-Bundesstaat wurde, lebten bereits über 50 000 Menschen in der Stadt. Obwohl seit 1869 über die transkontinentale Eisenbahn mit der Ostküste verbunden, blieb San Francisco ein mit billigen Fuselkneipen und Rotlichtbezirken ausgestatteter Landepunkt für Abenteurer.

Eine brutale Zäsur in der Geschichte bildete der 18. April 1906 mit einem katastrophalen Erdbeben, das die Stadt dennoch hätte überstehen können, wären nicht an zahlreichen Stellen Brände ausgebrochen. Drei Tage lang erhellte die Feuersbrunst den Himmel über der Stadt. 500 Menschen haben in diesem Inferno ihr Leben ver-

49-Mile-Scenic-Drive

Durch ganz San Francisco samt Außenvierteln führt der 49-Mile-Scenic-Drive, der mit Schildern markiert ist, die eine Möwe zeigen. An dieser Route liegen sämtliche bedeutenden Sehenswürdigkeiten. Downtown San Francisco lässt sich bequem zu Fuß bzw. mit der nostalgischen Cable Car erkunden.

loren, 28 000 meist aus Holz errichtete Gebäude waren zerstört. Der Wiederaufbau dauerte nur vier Jahre. Als die Stadt im Jahre 1915 die Internationale Panama-Pazifik-Ausstellung ausrichtete, war von den Schäden kaum mehr etwas zu sehen. In der Zeit der Weltwirtschaftskrise entstand mit der Golden Gate Bridge nicht nur eine wichtige Transportverbindung von der Halbinselspitze über die Bucht an die kalifornische Nordküste, sondern gleichzeitig das unverwechselbare Wahrzeichen der Stadt.

Die Golden Gate Bridge

Einen neuen Entwicklungsschub erlebte San Francisco in den 1950er und 1960er Jahren, als es sich unter dem Einfluss der Beat-Generation und später der Hippie-Blumenkinder zu einer Love-and-Peace Metropole wandelte. In der Gegen- und Subkulturen ebenso wie die Schwulen- und Lesbenbewegung eine Heimstatt fanden und der Protest gegen den Vietnamkrieg auf festem Boden stand.

Stadtbesichtigung

San Francisco ist auf drei Seiten von Wasser umgeben. Im äußersten Nordwesten ist die Halbinsel durch die Golden Gate Bridge mit der kalifornischen Nordküste verbunden. Im Osten stellt die Bay Bridge die Straßenverbindung zur Schwesterstadt Oakland bzw. an die East Bay her. Was sich zwischen den beiden Brücken als Stadtlandschaft erstreckt, ist der urbane Kern von San Francisco, ein bunter Flickenteppich aus mehreren Stadtteilen, der seine Geheimnisse und Reize am ehesten dem Fußgänger preisgibt.

Fisherman's Wharf

Bekannteste Gegend der Stadt ist Fisherman's Wharf, die touristische Parademeile am Hafen, wo die Ausflugsschiffe zu unterschiedlichen Zielen ablegen und Blickkontakt mit der ehemaligen Gefangeneninsel **Alcatraz** besteht. Straßenkünstler und ambulante Brezelverkäufer, Ladenzeilen mit Souvenirs, Schnellimbisse und Restaurants ergänzen sich an der belebten Wasserkante zu einem Kitsch-und-Kommerz-Ensemble. Dennoch geht dem Viertel mit den im Wasser dümpelnden Booten eine gewisse Atmosphäre nicht ab, die vor allem am frühen Morgen spürbar ist, wenn die Fischer ihre Kutter entladen.

Pier 39 entpuppt sich als eine auf alt getrimmte Einkaufs- und Restaurantzeile. Der rote Ziegelsteinkomplex der **Cannery** ❶ war früher einmal eine Konservenfabrik, während am **Ghirardelli Square** ❷ Schokoladenproduzenten die Kochlöffel schwangen. Im **Maritime National Historical Park** ❸ erinnern historische Segler noch an die Ära vor modernen Supertankern und Containerschiffen.

Russian und Telegraph Hill

Die Columbus Avenue führt stadteinwärts auf die unübersehbare Pyramide zu. Zuvor überquert sie die berühmte **Lombard Street.** Im Zickzack enger Serpentinen windet sie sich die Flanke des **Russian Hill** hinauf. Über diesen Hügel rattert auf der

An der Grant Avenue in Chinatown

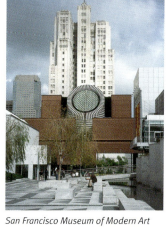
San Francisco Museum of Modern Art

Hyde Street die Cable Car. Östlich der Columbus Avenue klettert die Lombard Street den **Telegraph Hill** hinauf. Auf der Kuppe bietet der **Coit Tower** ❹ einen der schönsten Blicke ins Zentrum von Downtown.

Rund um den **Washington Square** am Fuße des Telegraph Hill dehnt sich der Stadtteil **North Beach** aus, heute das renommierte Italienerviertel der Stadt mit zahlreichen winzigen Restaurants und Cafés, wo es nach Nudelaufläufen und Cappuccino duftet.

**Chinatown
Am von Nachtlokalen gesäumten **Broadway** beginnt mit Chinatown das exotischste Viertel der Stadt. Schon der Blick in die **Grant Avenue** mit ihren Fassaden im fernöstlichen Stil gibt einen Vorgeschmack auf den Abstecher ins Reich der Mitte mit Porzellan- und Teegeschäften, Obst-, Gemüse- und Schmuckläden, Suppenküchen und Restaurants wie Sand am Meer. Machen etwa Grant Avenue und Washington Street mit ihren Restaurantfassaden einen farbenprächtigen exotischen Eindruck, so sieht das Bild hinter den Fassaden mit teils menschenunwürdigen Wohn-, Arbeits- und Lebensbedingungen ganz anders aus.

Ausgezeichnete chinesische Gerichte serviert **Tommy Toy's Haute Cuisine** (655 Montgomery/ Washington Sts., Tel. 415/397-4888, Lunch Mo–Fr 11.30–14.30, Dinner tgl. ab 17.30 Uhr; ○○).

Financial District und South of Market
Östlich von Chinatown liegt der Financial District mit der **Transamerica Pyramid** ❺, dem auffälligsten Wolkenkratzer der Stadt mit einer Web-Cam (www.sfgate.com/liveviews) im 27. Stock. Noch weiter in den Himmel geht es im Gebäude der **Bank of America**, wo es im 52. Stock ein Panorama-Restaurant gibt (s. auch S. 37).

Am **Embarcadero** ❻, der Anlegestelle der Fähren zur East Bay, beginnt die **Market Street,** die zentrale Shoppingmeile der Stadt. Von hier zweigt die Third Street ab, an der sich die neueste Errungenschaft von San Francisco in Sachen Kunst befindet. Das *Museum of Modern Art ❼ rühmt sich selbst, eines der führenden Häuser im

***San Francisco

Lande für moderne Kunst zu sein. Gemälde – Arbeiten amerikanischer Künstler wie internationale Kunst etwa von Dalí, Kandinsky, Picasso und Matisse –, Skulpturen und andere Ausstellungsstücke sind in einem sehenswerten Bau des Schweizer Stararchitekten Mario Botta untergebracht (tgl. außer Mi 10–18, Do bis 21 Uhr, www.sfmoma.org).

Der **Union Square ❽** bildet das Herz des innerstädtischen Einkaufsparadieses mit teuren Boutiquen und Spezialitätengeschäften, aber auch großen Kaufhäusern, Foto- und Buchläden.

Östlich des Union Square schossen in den vergangenen Jahren einige Luxushotels in den Himmel, als müssten sie eine Barriere zum heruntergekom-

Karte Seite 35

❶ Cannery
❷ Ghirardelli Square
❸ Maritime National Historical Park
❹ Coit Tower
❺ Transamerica Pyramid
❻ Embarcadero
❼ Museum of Modern Art
❽ Union Square
❾ City Hall
❿ Performing Arts Center
⓫ Mission Dolores

35

menen Stadtteil **Tenderloin** bilden, wo sich billige Absteigen, Schnapsläden und Pornoschuppen aneinander reihen.

Civic Center
Die Verwaltungs- und Kulturgebäude des Civic Center verteilen sich über einen großen Platz, der tagsüber einen seltsam leblosen Eindruck macht. Die einzigen ständigen Bewohner sind Wohnsitzlose, die sich aus Plastiktüten Notzelte gebaut haben. Nachts erstrahlt das Zentrum im mondänen Glanz seiner Prestigebauten, unter denen hauptsächlich die prächtige, dem römischen Petersdom nachempfundene **City Hall** ❾ aus Granit und Marmor auffällt.

Gegenüber liegt das **Performing Arts Center** ❿, in dem das Herbst-Theater sowie die Oper und das Symphonieorchester untergebracht sind.

Außerhalb von Downtown

Die breite und belebte Van Ness Avenue führt in nördlicher Richtung geradewegs auf **Fort Mason** zu. In der ehemaligen Militäranlage befindet sich ein Kulturzentrum mit Galerien, Studios und Theaterbühnen sowie das Hauptquartier der **Golden Gate National Recreation Area,** die sich an der Bucht entlang bis zum Fort Point unterhalb der Golden Gate Bridge und an der Pazifikküste entlang bis südlich von Fort Funston erstreckt.

Bei Fort Mason verlässt die Besichtigungsroute das Stadtzentrum und führt durch den Stadtteil **Marina** zum **Presidio,** einem neuen Nationalparkgebiet, von wo es nur noch ein Katzensprung zur weltberühmten ****Golden Gate Bridge,** dem unverkennbaren Wahrzeichen der Stadt, ist. Die 1937 vom Ingenieur Joseph Strauss fertig gestellte Brücke überspannt den schmalen Eingang zur Bucht von San Francisco.

In südlicher Richtung führt der Lincoln Boulevard von der Golden Gate Bridge zum Lincoln Park. Auf den vor der Küste liegenden **Seal Rocks** sonnen sich Robbenkolonien.

Eine grüne Oase und Zentrum des Freizeitsports ist der **Golden Gate Park,** der an Sommerwochenenden zum viel besuchten Naherholungsgebiet wird.

Vom östlichen Ende des Parks windet sich die Straße in Serpentinen zu den 270 m hohen **Twin Peaks** hinauf, einem grandiosen Aussichtsplatz auf die gesamte Stadtlandschaft, auch auf den unterhalb liegenden Mission District. Dort gründete 1776 der Franziskanerpater Junipero Serra die **Mission Dolores** ⓫ (Dolores/16th Sts.), deren aus einem Lehm- und Strohgemisch erbaute Missionskirche aus dem Jahr 1791 das älteste Gebäude der Stadt ist.

Infos

 San Francisco Convention and Visitors Bureau,
201 3rd St., San Francisco, CA 94103 (Postanschrift)
▮ **Visitor Information Center** in der Hallidie Plaza, Powell/Market Sts., Tel. 415/391-2000 (Tonband für Veranstaltungen auf Deutsch Tel. 415/391-2004); www.sfvisitor.org

Flughafen: San Francisco International Airport,
26 km südlich der Stadt.
Mit der 2003 eröffneten Verlängerung der Schnellbahn BART kommt man vom Zentrum in 30 Minuten zum Flughafen.

***San Francisco

Bahnhof: Busse fahren vom Transbay Terminal (425 Mission St., Tel. 415-673-6864) zum Amtrak-Bahnhof in Oakland (16th/Wood Sts.).
Busverkehr: Für Stadtfahrten ist der MUNI Passport für Bus und Cable Car günstig, den man bei der Visitor Information kaufen kann. Greyhound-Busse halten am Transbay Terminal.
Fährverbindungen: Die Red and White Fleet (Pier 45, Fisherman's Wharf, Tel. 415/673-2900) fährt in die North Bay Area und nach Alcatraz.

Stanford Court Hotel, 905 California St., Tel. 415/989-3500; www.renaissancehotels.com. Luxushotel im Nobelviertel Nob Hill. ○○○
▌**Edward II. Inn,** 3155 Scott St., Tel. 415/922-3000; www.edwardii.com. Manche Zimmer mit Etagenbad. ○○
▌**Cow Hollow Motor Inn,** 2190 Lombard St., Tel. 415/921-5800; www. cowhollowmotorinn.com. Ordentliches Motel im Stadtteil Marina. ○–○○
▌**Marina Inn,** 3110 Octavia St., Tel. 415/928-1000; www.marinainn.com. Motel mit ausgezeichnetem Preis-Leistungs-Verhältnis. ○–○○
▌**Hostelling International,** 312 Mason St., Tel. 415/788-5604; www.norcalhostels.org. Zentral gelegene Jugendherberge, auch für Nicht-Mitglieder. ○

Karte Seite 35

Postrio, 545 Post St., Tel. 776-7825. Die fabelhafte Küche ist französisch, asiatisch, italienisch und kalifornisch inspiriert. ○○○
▌**Carnelian Room,** im Bank of America Center, 555 California St., Tel. 433-7500. Dinner tgl. Schöner Blick auf die Stadt vom 52. Stock. ○○○
▌**House of Nanking,** 919 Kearny St., Tel. 421-1429. Ein chinesischer Geheimtipp vom Feinsten. ○–○○
▌**The Stinking Rose,** 420 Columbus Ave., Tel. 781-7673. Hier werden fast alle italienischen Speisen mit viel Knoblauch gewürzt. ○
▌**Ernesto's,** 2311 Clement St., Tel. 386-1446, Mo Ruhetag. Sehr gute italienische Küche. ○

Storyville, 1751 Fulton St., Tel. 441-1751. Lokal mit Musik unterschiedlicher Richtungen und Lautstärken.
▌**Café du Nord,** 2170 Market St., Tel. 861-5016. Fetzige Livemusik unterschiedlicher Richtungen, Cocktails und gute Küche.

Eine Institution für Bücherwürmer

Berühmtester Buchladen der Stadt ist das 1953 gegründete **City Lights** (Columbus Ave./Broadway; www.citylights.com). Seine Reputation verdankt es nicht einem immensen Angebot an Lesestoff, sondern der Stadtbezogenheit seiner Literatur. Der Schwerpunkt liegt auf Avantgarde-Büchern und Romanen bzw. Gedichten der Vertreter der Beat-Generation wie Jack Kerouac, Allen Ginsberg und William Burroughs, die in den 1950er Jahren im Stadtteil North Beach ihre klapprigen Schreibmaschinen bearbeiteten. Sie setzten dem konservativen Amerika ihren alternativen, häufig auch drogenvernebelten Lebensstil entgegen, der in North Beach längst dem arrivierten *way of life* junger Anwälte und Ärzte Platz gemacht hat.

**Los Angeles

Der größte Drive-in der Welt

Landeanflug auf den internationalen Flughafen von Los Angeles. Wie ein braungelber Deckel trennt die Smogschicht den blauen Himmel von der ausufernden Stadtlandschaft, die nirgends zu beginnen und nirgends zu enden scheint. Hie und da leuchten türkisgrüne Swimmingpools aus dem Häusermeer, in dem nur gelegentlich eine Wolkenkratzerinsel erkennbar ist. Wie mit dem Lineal gezogene Trennlinien schneiden Autobahnen kreuz und quer durch den Zivilisationsteppich, der sich nach und nach in uniforme Siedlungen, Sportstadien, Parkplätze und Industriehöfe auflöst, je tiefer die Maschine ihre Nase in die braune Dunstglocke über der zweitgrößten Stadt Amerikas senkt. Die einzelnen Stadtteile lassen sich zwar zu Fuß besichtigen, doch sind die Entfernungen zwischen ihnen teils so beträchtlich, dass ein Auto notwendig wird, sofern man nicht das zeitraubende öffentliche Bussystem in Anspruch nehmen will.

Stadtgeschichte

1781 gründete eine kleine Gruppe spanischer Siedler aus Mexiko kommend das *Pueblo de Nuestra Senora la Reina de los Angeles del Rio de Porciuncula*. Der Rancherflecken blieb bis weit ins 19. Jh. ein bedeutungsloses Provinzkaff. In den Jahren bis zur Wende zum 20. Jh. explodierte die Bevölkerung von 11 000 auf 100 000 Einwohner. Waren zunächst die Erdölindustrie und der städtische Hafen die treibenden Motoren der Wirtschaft, so kam bald ein Boom der Landwirtschaft hinzu. Seit etwa 1910 folgte das Wachstum der Filmindustrie um Hollywood, später die Flugzeug- bzw. nach 1945 die Elektronik- und Raumfahrtindustrie.

Mit dem Ende des Kalten Krieges bahnte sich in den 1980er Jahren ein Strukturwandel an, dem im südlichen Kalifornien Hunderttausende von Arbeitsplätzen zum Opfer fielen. Gleichzeitig loderten im Frühjahr 1992 in South Central Los Angeles Rassenunruhen auf, die zeigten, dass Los Angeles ein soziales Pulverfass mit ungeahntem Gewaltpotenzial ist.

Die Riesenstadt Los Angeles setzt sich aus Stadtteilen zusammen, die sich der Besucher quasi häppchenweise zu Gemüte führen kann. Der Ballungsraum mit seinen ca. 16 Mio. Einwohnern umfasst fünf Regierungsbezirke und 88 einzelne Kommunen, die alle in einem gigantischen, etwa 1200 km² großen Gordischen Knoten aus Highways und Interstates miteinander verwoben sind.

Downtown L. A.

Die Wiege von Los Angeles stand im heutigen *Pueblo de Los Angeles* ❶. Mitten durch das auf alt getrimmte Viertel zieht sich die **Olvera Street** mit Marktständen voll von Sombrero-Imitationen, bunten mexikanischen Decken und kitschigen Souvenirs sowie mexikanischen Restaurants, in denen der Margarita in Strömen fließt. Ein paar Schritte weiter nördlich verändert sich das Ambiente. **Chinatown** ❷ ist zwar nicht so attraktiv wie das gleichnamige Viertel in San Francisco, doch verleihen auch hier Pagodendächer und bunte Neonreklamen den Straßen mit vielen Restaurants und Garküchen einen fernöstlichen Touch.

Los Angeles

Downtown Los Angeles mit der Central Public Library

Südlich des Hollywood Freeway liegt das **Civic Center ❸** mit der Stadtverwaltung und der **City Hall**. Hier steht auch das **Music Center**, in dem die futuristisch anmutende **Walt Disney Concert Hall** von Frank Gehry einen neuen architektonischen Akzent setzt. Südlich davon liegt das von Arata Isozaki entworfene *****Museum of Contemporary Art** (MOCA, 250 S. Grand Ave.), in dem vor allem Avantgarde-Kunst ihren Platz hat.

Bei einem Bummel über den **Broadway**, die einstige Renommiermeile der Kinounterhaltung, rückt nur hie und da noch einer der historischen Filmpaläste ins Blickfeld. Die Straße wird heute viel stärker vom lateinamerikanischen Flair der Spanisch sprechenden Gemeinde geprägt.

Einem Abstecher nach Mittelamerika kommt die Stippvisite im *****Grand Central Public Market** gleich, wo Berge von Obst, Gemüse und Fleisch auf Kundschaft warten (317 S. Broadway; Mo–Sa 9–18 Uhr).

Little Tokyo ❹, das japanische Viertel der Stadt mit über 170 000 Einwohnern, ethnischen Geschäften und Restaurants, breitet sich um die Main und Alameda Streets aus. Im **Financial and Business District,** wo bis 1957 wegen der Erdbebengefahr nicht höher als 13 Etagen gebaut werden durfte, schossen in den vergangenen Jahren offenbar erdbebenresistente, über 50 Stockwerke hohe Glas- und Stahlbetonriesen wie Pilze aus dem Boden.

Außerhalb von Downtown

Der zentrale, durch Midtown führende **Wilshire Boulevard** entstand in den 1930er Jahren als Geschäftsstraße, die damals wegen ihrer vornehmen Läden den Beinamen *Miracle Mile* (Wundermeile) bekam. Eine sehr ungewöhnliche innerstädtische Attraktion sind die *****La Brea Tar Pits ❺** im Hancock Park, ein Teersumpf, in dem im Jahre 1906 über 200 Tier- und Pflanzenarten entdeckt wurden, die dort in grauer Vorzeit versunken waren. Naturgetreu modellierte Mammuts helfen der Fantasie etwas nach. Nebenan steht das ******Los Angeles County Museum of Art,** eines der bedeutendsten Kunstmuseen der USA (5905 Wilshire Blvd.;

Los Angeles

www.lacma.org). In ständigen Ausstellungen wird amerikanische und europäische Malerei, präkolumbische und orientalische Kunst gezeigt; es gibt einen Skulpturengarten und einen japanischen Pavillon.

Farmers Market ❻

Stadtbesichtigungen verlangen ihren Tribut. Hungrige und durstige City-Gänger kommen im Markt wieder zu Kräften. Das kunterbunte Sammelsurium besteht aus 160 Obst- und Gemüseständen sowie über zwei Dutzend Imbissbuden, an denen sowohl lateinamerikanische als auch asiatische Gerichte und Getränke verkauft werden. Man sitzt an im Freien aufgestellten, schattigen Tischen und kann neben den einheimischen wie ausländischen Spezialitäten das betriebsame Marktleben in der Stadt genießen (6333 W. Third St.; Mo–Fr 9–21, Sa 9–20, So 10–19 Uhr).

Hollywood

Hollywood ist für die meisten Erstbesucher von Los Angeles ein Hauptanziehungspunkt. Bereits um 1910 begann sich dort die Filmindustrie zu etablieren. Noch heute zehrt die Gegend von ihrem legendären Ruf. Seit 2002 findet in diesem Stadtteil auch die jährliche Oscar-Verleihung im mit allen technischen Finessen ausgestatteten **Kodak Theatre** (Hollywood Blvd, Ecke Highland Ave.) statt.

❶ Pueblo de Los Angeles
❷ Chinatown
❸ Civic Center
❹ Little Tokyo
❺ La Brea Tar Pits
❻ Farmers Market
❼ Mann's Chinese Theatre
❽ Griffith Observatory
❾ Universal Studios
❿ Rodeo Drive
⓫ Getty Center
⓬ Venice Beach

**Los Angeles

Hollywood: Wandmalerei mit berühmten Kinostars

Im Nachtclub **The Rainbow Bar & Grill** trafen sich Marilyn Monroe und ihr späterer Ehemann Joe DiMaggio zum ersten Mal. Der Tanzboden ist nichts für Zartbesaitete (9015 Sunset Blvd., West Hollywood, Tel. 310/278-4232, tgl. ab 20 Uhr).

Am Hollywood Boulevard entlang zieht sich der berühmte **Walk of Fame.** Hier stehen die Namen der Stars auf in die Gehsteige eingelassenen Marmorsternen und erinnern an die bekanntesten Gesichter aus der Unterhaltungsbranche. Einem ähnlichen Zweck dienen auch die Hand- und Fußabdrücke vor dem **Mann's Chinese Theatre ❼** (6925 Hollywood Blvd.). Im noch weichen Zement verewigen sich dort seit Jahrzehnten bekannte Leinwandstars. Zu einem Besuch von Hollywood gehört auch ein Abstecher zum **Griffith Observatory ❽**, einem der besten Aussichtspunkte auf Los Angeles. Weiter nordwestlich liegen die bekannten ****Universal Studios ❾** (Hollywood Frwy./Lankershim Blvd.), in denen Amerikas Hightech-Unterhaltung etwa mit Katastrophenszenarien wie imitierten Erdbeben auf die Spitze getrieben wird. Besucher flanieren durch die Kulissen berühmter Filme und lassen sich von spektakulären Stuntmen-Shows begeistern.

Beverly Hills

Karte Seite 40

Nicht erst seit Eddie Murphy auf der Leinwand den »Beverly Hills Cop« zum Kassenschlager machte, ist der Prominentenstadtteil in aller Munde. Die Palmenalleen sehen aus wie manikürt; hinter vornehmen Toren sorgen Gärtner in exklusiven Parkanlagen dafür, dass die Rasenflächen stets aussehen wie mit der Nagelschere gestutzt. In diese Gegend passt der **Rodeo Drive ❿**, eine der teuersten Einkaufsstraßen mit den Boutiquen von Cartier, Gucci, Chanel und anderen exklusiven Modehäusern.

Über 250 Geschäfte warten im Einkaufsparadies **Beverly Center** auf zahlungskräftige Kundschaft (8500 Beverly Blvd., Mo–Sa 10–22, So 12–18 Uhr).

Santa Monica

An der Pazifikküste in Santa Monica entstanden in den 70er Jahren des 19. Jhs. die ersten Hotels, die die Stadt zum beliebten Badeort machten. Auf der großen Pier mit Imbiss-Ständen und Vergnügungspark geht es am Wochenende zu wie auf einer Kirmes. Der Badebetrieb an den benachbarten flachen Sandstränden gerät dabei fast ins Hintertreffen.

Ein Mekka für Liebhaber von Kunst und Kultur ist das neue ****Getty Center ⓫** in Brentwood am Fuß der Santa Monica Mountains. Die 1997 eröffnete, von Stararchitekt Richard Meier entworfene Anlage nimmt einen ganzen Hügel ein und besteht aus mehreren Pavillons, in denen viele erlesene Kunstschätze der Stiftung des Ölmilliardärs J. Paul Getty untergebracht sind, darunter antike Skulpturen, französische Wandteppiche und

**Los Angeles

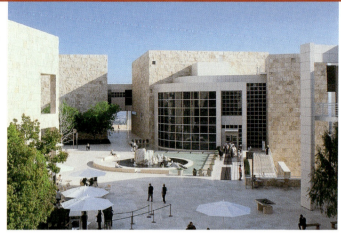

Getty Center, der spektakuläre Museumskomplex in den Santa Monica Hills

Gemälde europäischer Meister wie Veronese, Rembrandt und van Gogh (1200 Getty Center Dr.; Di–Do 10–18, Fr/Sa 10–21, Sa/So 10–18 Uhr, Mo/Fei geschlossen. www.getty.edu; Tel. 310/440-7300. Gebührenpflichtige Parkplätze sind vorhanden; alternativ kann man mit dem MTA-Bus 561 anreisen). Die ehemalige **Villa Getty** in Malibu, die einer antiken römischen Villa nachempfunden ist, bleibt auf absehbare Zeit wegen Renovierung geschlossen.

Venice Beach ⓬

Als Badeküste noch bekannter als Santa Monica ist Venice Beach mit einer kilometerlangen Palmenpromenade, auf der sich Amerika exzentrischer präsentiert als irgendwo sonst im Westen. Beach Girls in briefmarkengroßen Bikinis wetteifern mit muskelbepackten Beach Boys um die Gunst der Zuschauergemeinde, die sich in der Regel um den **Muscle Beach** drängt. In einem umzäunten Geviert pumpen gut geölte Bizepse schwere Eisengewichte, während das Publikum diese Zurschaustellung entweder mit neidvollen Blicken oder mit Kopfschütteln verfolgt.

Infos

Los Angeles Convention & Visitors Bureau, 685 S. Figueroa St., Tel. 213/689-8822, www.visitlosangeles.info
6801 Hollywood Blvd., Los Angeles, California 90017

Flughafen: Los Angeles International Airport, ca. 26 km südwestl. von Downtown. Mit dem Prime Time Shuttle (Tel. 310/342-7200, www.primetimeshuttle.com) kommt man in die Stadt.
Bahnhof: Amtrak Union Station, 800 N. Alameda St., Tel. 800/872-7245.
Bus- und Stadtverkehr: Greyhound-Station, 1716 E. 7th St., Tel. 800/231-2222. Die Busse der Metropolitan Transit Authority (MTA) erschließen fast das gesamte Stadtgebiet. Von Downtown nach Long Beach, North Hollywood und Pasadena verkehrt die Metro Rail.

Los Angeles

Venice Beach: Muskelmänner bei der Selbstdarstellung

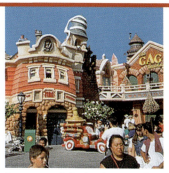

Begegnung mit den berühmten Zeichentrickfiguren Disneys: Mickey's Toontown

Karte Seite 40

Figueroa Hotel, 939 S. Figueroa St., Tel. 213/627-8971, www.figueroahotel.com. Ein orientalischer Palast in warmen Farben (Downtown) mit Pool und Restaurant. ○○–○○○
■ **Days Inn Hollywood,** 7023 Sunset Blvd., Tel. 323/464-8344, Fax 962-9748. Kettenmotel mit geräumigen Zimmern in Hollywood. ○○
■ **Comfort Inn,** 2010 N. Highland Ave., Hollywood, Tel. 323/874-4300, www.cisuiteshollywood.com. Solide, geräumige Zimmer, Pool. ○–○○
■ **Banana Bungalow,** 7950 Melrose Ave., Tel. 1-800/4-HOSTEL; www.bananabungalow.com. Einfache Unterkunft mit Schlafsaalplätzen oder Privatzimmern. ○
■ **Stillwell,** 838 S. Grand Ave., Tel. 213/627-1151, www.stillwellhotel.com. In Downtown; 250 Zimmer. ○

> **Disneyland**
>
> Seit am Eröffnungstag, dem 17. Juli 1955, rund 30 000 Besucher durch die Tore Disneylands strömten, hat der Andrang von Schaulustigen kaum nachgelassen. Bis heute ließen sich mehr als 300 Mio. Menschen in diesem aus unterschiedlichen Themen bestehenden Märchenreich die Zeit vertreiben, ob im Aschenputtelschloss, in Mickey's Toontown oder in der von Piraten heimgesuchten Karibik, wo täglich verlustreiche Seeschlachten geschlagen werden. (1313 Harbor Blvd., Anaheim; Mo–Fr 10–18, Sa/So 9–24 Uhr; www.disneyland.disney.go.com)

Pacific Dining Car, 1310 W. Sixth St., Tel. 213/483-6000. Seit Jahrzehnten eine Institution – 24 Stunden tgl. ○○
■ **Acapulco,** 7038 W. Sunset Blvd., Tel. 323/469-5131. Mexikanische Kost in lockerer Atmosphäre. ○○
■ **The Pantry,** 877 S. Figueroa St., Tel. 213/972-9279. Tgl. 24 Stunden geöffnet, leckerer Sonntagsbrunch. ○
■ **Philippe,** The Original, 1001 N. Alameda, Tel. 213/628-3781. Berühmt für seine Sandwiches. ○

Roxy, 9009 W. Sunset Blvd., West Hollywood, Tel. 310/276-2222, tgl. ab 22 Uhr. Hier standen schon Bob Marley und Bruce Springsteen auf der Bühne.
■ **Voda,** 1449 2nd St., Santa Monica, Tel. 310/394-9774. Hippe Cocktail-Lounge und Szenetreff in Santa Monica.

Karte Seite 45

**Salt Lake City

Weiträumig und gottesfürchtig

Im Westen von Salt Lake City, wo sich der größte Salzsee Amerikas ausbreitet, brütet die ausgetrocknete Wüste in der erbarmungslosen Sommerhitze. In einer ähnlich menschenfeindlichen Gegend am Fuße der Wasatch Range gründeten die Mormonen Mitte des 19. Jhs. die heutige Hauptstadt des Bundesstaates Utah. Seit Jahrzehnten gehört Salt Lake City zu den saubersten und sichersten Städten Amerikas – und zu den grünsten. In harter Arbeit bauten die Neuankömmlinge mitten in der Einöde ein blühendes Gemeinwesen. Unter den urbanen Ballungsräumen des amerikanischen Westens besitzt die kapitalkräftige Metropole samt ihrer Umgebung als Hochburg von Bildung, Wissenschaft und Technik längst einen klingenden Namen. Die wichtigsten Sehenswürdigkeiten liegen im Zentrum der Hauptstadt und lassen sich bequem zu Fuß erreichen.

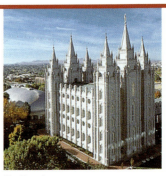
The Temple

ten Mormonen in Utah erinnern. Am 24. Juli 1847 soll der Mormonenführer Brigham Young nach dem entbehrungsreichen Treck von Nauvoo (Illinois) seine Wahl für die neue Heimat im Westen getroffen haben. Dort entwickelte sich mit der vom Religionsstifter Joseph Smith gegründeten »Kirche Jesu Christi der Heiligen der letzten Tage« die bis heute in Utah dominierende Mormonengemeinde mit weltweit ca. 8 Mio. Mitgliedern. Über die Jahre wurde aus Salt Lake City eine ansehnliche Hauptstadt. Im Jahr 2002 war sie Austragungsort der olympischen Winterspiele.

Die ca. 181 000 Einwohner zählende Hauptstadt ist nicht nur ein lohnendes Urlaubsziel während der Sommermonate, wenn die Stadt zur grünen Oase am Rande des wüstenhaften Großen Beckens wird. Im Winter bieten die Wasatch Mountains östlich der Stadt sehr gute Wintersportmöglichkeiten.

Stadtbesichtigung

Am bequemsten lässt man sich von dem **Pioneer Trolley** kostenlos um den Temple Square chauffieren. Andere Touren führen durch die ganze Stadt (Ende Mai bis Anfang Okt., Abfahrt Temple Square).

Als Ausgangspunkt für eine City-Tour eignet sich gut der **Salt Palace ❶**. In diesem Komplex befinden sich u. a. das **Salt Lake Art Center** mit Skulpturengarten und Gemäldegalerien sowie die **Symphony Hall**.

Stadtgeschichte

Im Osten der Stadt, am Beginn des Emigration Canyon, dehnt sich der **This Is The Place Heritage Park** aus, in dem ein Monument und ein historisches Dorf an die Ankunft der ers-

Hauptsehenswürdigkeit ist der **✴✴Temple Square ❷**, das religiöse

**Salt Lake City

Zentrum der Mormonenkirche. In dem 4 ha großen ummauerten Areal erhebt sich der 1853–1893 aus grauem Granitstein erbaute **Tempel** mit seinem 68 m hohen Hauptturm. Auf diesem thront eine vergoldete Statue des Engels Moroni.

Auf dem Temple Square gibt es zwei **Besucherzentren,** in denen man sich über die Mormonenkirche informieren kann. Im südlichen Zentrum steht ein überdimensionales Taufbecken aus weißem Marmor. Hauptsehenswürdigkeit des nördlichen Zentrums ist ein Kuppelraum, über dem sich ein mit Gestirnen geschmücktes Firmament wölbt.

Beliebtester Besuchermagnet im Tempel ist der mit einer riesigen Orgel ausgestattete **Tabernakel,** in dem der berühmte Mormon Tabernacle Choir seine Konzerte gibt. Sonntags morgens wird von Radio und TV ein Konzert übertragen, bei dem man live dabei sein kann (Einlass bis 9.15 Uhr; Proben des Chores Do 20–21.30 Uhr).

An der südöstlichen Ecke des Temple Square kennzeichnet der **Median Marker,** ein kleiner Markierungsstein, die geografische Stadtmitte, von der aus alle Straßen vermessen wurden. Auf der gegenüberliegenden Straßenseite erstrahlt nach der Renovierung das 1911 erbaute denkmalgeschützte **Joseph Smith Memorial Building ❸** in neuem Glanz. Das frühere Luxushotel gehört heute der Mormonenkirche,

> Karte Seite 45

- ❶ Salt Palace
- ❷ Temple Square
- ❸ Joseph Smith Memorial Building
- ❹ The Lion House
- ❺ State Capitol
- ❻ Governor's Mansion
- ❼ Trolley Square

**Salt Lake City

Salzgewinnung am Großen Salzsee

State Capitol in Salt Lake City

die dort ein Theater einrichtete, in dem ein Film über die Geschichte der Mormonen gezeigt wird (Mo–Sa, gratis). **The Lion House** ❹ aus dem Jahr 1855 zählte einst ebenso zum Besitz des Mormonenführers Brigham Young wie das benachbarte **Beehive House,** das schon ein Jahr zuvor erbaut worden war und für seine bald 83-köpfige Familie schnell zu klein wurde.

An der Bergflanke am nördlichen Ende der State Street thront inmitten eines gepflegten Parks das *****State Capitol** ❺, der Sitz des Parlamentes von Utah. Der riesige Kuppelbau wird von 24 korinthischen Säulen getragen und an den Ost- und Westeingängen von Steinlöwen bewacht.

Im Osten der South Temple Street steht mit **Governor's Mansion** ❻ eines

Amerikas salzigster Flecken

Der im Westen von Salt Lake City liegende **Große Salzsee** ist nur noch ein Schatten seiner selbst, wenn man ihn an seiner Vergangenheit misst. Er begann sich vor etwa 50 000 Jahren zu bilden und erreichte vor ca. 18 000 Jahren seine größte Ausdehnung. Damals bedeckte der historische, bis zu 300 m tiefe Lake Bonneville sogar Teile von Nevada und Idaho. Klimatische Veränderungen ließen ihn schrumpfen. Gleichzeitig büßte er durch tektonische Veränderungen seine Abflüsse ein und verliert heute sein Wasser nur noch durch Verdunstung. Damit verwandelte er sich in einen Salzsee, dessen Wasser etwa achtmal so salzig wie Meerwasser ist. Im See leben keine Fische, nur Salzwassershrimps, die als Nahrung für tropische Fische weltweit vermarktet werden. Genutzt wird der See auch von einer Firma, die Tafelsalz gewinnt sowie Pottasche, Magnesium und andere zur Herstellung z. B. von Kunstdünger und Waschpulver benötigte Mineralien. Früher machte der Great Salt Lake sogar motorsportliche Schlagzeilen, als auf den Bonneville Salt Flats nahe der Grenze zu Nevada Rennfahrer in Raketenautos Geschwindigkeitsrekorden hinterherjagten.

der schönsten Gebäude der Stadt. Der dreistöckige Bau von 1902 mit 36 Zimmern wurde dem Stil der französischen Renaissance nachempfunden. Die Villa ist heute die offizielle Residenz des Gouverneurs von Utah.

Wo zu Beginn des 20. Jhs. die innerstädtischen Verkehrsbetriebe ihre Busse und Straßenbahnen unterbrachten, breiten sich auf dem heutigen **Trolley Square** ❼ über sieben Dutzend Geschäfte, Restaurants, Imbiss-Stände und Kinos aus.

Infos

Salt Lake City Convention & Visitors Bureau,
90 S. West Temple St,, Salt Lake City, UT 84101, Tel. 801/521-2822, www.visitsaltlake.com

Flughafen: Salt Lake City International Airport, ca. 5 km westl. der Stadt. City Bus-Verbindung nach Downtown.
Bahnhof: Amtrak-Station, 340 S. 600 West, Tel. 800/872-7245.
Busbahnhof: Greyhound-Station, 160 W. South Temple St., Tel. 801/355-9579.
Stadtverkehr: Die Straßenbahn TRAX verkehrt über die State Street 24 km nach Süden und 4 km nach Osten bis zur Universität. Busse fahren im Kern von Downtown Salt Lake City kostenlos.

Prime Hotel, 215 W. South Temple St., Tel. 801/531-7500; www.primehotelsandresorts.com. Günstige Lage direkt neben dem Temple Square. Pool, Sauna. ○○○
■ **Peery Hotel,** 110 W. 300 South St., Tel. 801/521-4300; www.peeryhotel.com. Elegantes historisches Hotel von 1910 neben dem Convention Center. ○○

■ **Motel 6,** 176 W. 6th South St., Tel. 801/531-1252; www.motel6.com. Billiges, sauberes Motel für Gäste, die ohne große Bequemlichkeiten auskommen. ○

Karte Seite 45

La Caille at Quail Run,
9565 S. Wasatch Blvd., Sandy, Tel. 942-1751, So Ruhetag. 20 km südlich der Innenstadt. Eines der besten Restaurants von Utah, mit französischer Küche. ○○○
■ **Archibald's Restaurant,**
1100 W. 7800 South St., West Jordan, Tel. 566-6940, tgl. Beste amerikanische Küche in einer alten Mühle. ○○
■ **Red Iguana,** 736 W. North Temple St., Tel. 322-1489, tgl. Feurige, original mexikanische Küche. ○○
■ **Lamb's Grill Café,** 169 S. Main St., Tel. 364-7166, tgl. Utahs ältestes Restaurant; guter Fisch und Lamm. ○

Crossroads Plaza, 50 S. Main St., Mo–Sa 10–21, So 12–18 Uhr. Shoppingzentrum im Stadtkern mit vielen Geschäften.

 Murphy's Bar & Grill,
160 S. Main St., Tel. 359-7271, Mo Ruhetag. Zentral gelegener Treff für Tresenfans. ○–○○
■ **Raskals,** 832 E. 3900 South, Tel. 269-8383, So Ruhetag. Ideal zum Tanzen. Do Karaoke. ○○

Hogle Zoo

Dieser Zoo ist ein lohnendes Ausflugsziel für die ganze Familie. In den Gehegen haben Tiere wie Elefanten, Tiger, Giraffen, Bären und Affen eine zweite Heimat gefunden (2600 E. Sunnyside Ave., Tel. 801/582-1631; www.hoglezoo.org, tgl. 9–17 Uhr).

Tour 1 Hitparade zwischen Pazifik und Wüste

Tour 1

Hitparade zwischen Pazifik und Wüste

Karte Seite 51

San Francisco → Los Angeles → **San Diego → **Death Valley N. P. → **Las Vegas → ***Yosemite N. P. → San Francisco (3053 km)

Eine Traumstrecke: Der berühmte Highway One fasziniert durch seine malerische Landschaft mit ausgewaschenen Buchten und romantischen Orten. Nach Verlassen des Highways verändert sich das Bild völlig, denn der »Stille Ozean« im Landesinnern ist gekennzeichnet von Sand und Beifußbüschen, so weit das Auge reicht. Das einzige, was sich im Panorama der Wüste bewegt, ist die vor Hitze flimmernde Luft über dem grauschwarzen Asphalt. Die Sonora Desert gehört zu den heißesten Flecken Amerikas – eine grandiose Einöde, die erst in der kühleren Tageszeit zum Leben erwacht. In dieser monumentalen Leere liegen die neonbunte, vollklimatisierte Glücksspielhochburg Las Vegas und das sagenumwobene Tal des Todes, von dem sich die einsamsten Straßen des Kontinents in Richtung Sierra Nevada winden. Bis weit ins Frühjahr liegen auf den Höhenzügen dieser Bergkette Schneefelder, während an den Ufern des Lake Tahoe bereits die Wildblumen ihre Köpfe herausstrecken. Diese Tour durch Kalifornien nimmt mindestens zehn Tage in Anspruch.

Die günstigste Route nach Süden führt von San Francisco (s. S. 32 ff.) an der Küste entlang über den Hwy. 1 ins Städtchen Monterey.

Monterey ❶

Monterey (32 000 Einw.; 200 km) ist die bedeutendste Ortschaft an der Monterey Bay. Der Schriftsteller John Steinbeck (1902–1968), der im benachbarten Salinas geboren wurde, setzte ihr mit seinem Roman »Die Straße der Ölsardinen« ein literarisches Denkmal. Seit den Zeiten der Sardinenfischer hat sich Monterey stark verändert. Die im Mittelpunkt des Romans stehende **Cannery Row** wird heute statt von Konservenfabriken von schicken Restaurants und zahlreichen Souvenirläden gesäumt.

Das **Monterey Bay Aquarium** zählt mit seinem mehrere Stockwerke hohen Salzwasserbecken zu den größten Meeresaquarien der Welt. Näher kann man die Unterwasserwelt vor der Küste Kaliforniens nicht kennen lernen. Besonders beliebt sind die putzigen Seeotter (tgl. 10–18 Uhr, im Sommer 9.30 bis 18 Uhr, www.mbayaq.org).

Von **Fisherman's Wharf** führt der **Monterey Walking Path of History** durch die Altstadt. An dieser Route liegen ältere Gebäude wie das 1904 im Missionsstil (s. S. 50) ebaute **Berquist Building** (447 Alvarado St.), das **Stevenson House** (530 Houston St.), in dem 1879 der Autor der Abenteuererzählung »Die Schatzinsel«, Robert Louis Stevenson (1850–1894), wohnte, sowie das **Larkin House** (Calle Principal/Jefferson St.) von 1835.

Monterey County Convention & Visitors Bureau, 150 Olivier St., Monterey, CA 93942, Tel. 831/649-1770; www.montereyinfo.org

 Colton Inn, 707 Pacific St., Tel. 831/649-6500;

www.coltoninn.com. Komfortable, geräumige Zimmer, manche mit Balkon, offenem Kamin oder Whirlpool. ○○–○○○

■ **Days Inn of Monterey**, 1288 Munras Ave., Tel. 831/375-2168; www.daysinn.com. Gutes Kettenmotel zu erschwinglichen Preisen. ○○

 Sardine Factory, 701 Wave St., Tel. 373-3775. Feine Fischgerichte in fünf verschiedenen Speiseräumen. ○○○

■ **Fish Hopper**, 700 Cannery Row, Tel. 372-8543. Beliebtes Fisch- und Seafood-Restaurant. ○○

Planet Gemini, 625 Cannery Row, Tel. 373-1449. Der sicherlich heißeste Nightlife-Treff der Stadt mit Salsa-Musik, Latino Nächten und Bühnenunterhaltung am laufenden Band, tgl. ab 19 Uhr.

Auf dem Highway 1 bis Santa Barbara

*17-Mile-Drive

Die private und mautpflichtige Küstenstraße um die Monterey Peninsula ist besser bekannt als 17-Mile-Drive. Neben zahlreichen Aussichtspunkten auf die von der Brandung ausgewaschene Küste liegen an dieser Strecke noble Villen und Residenzen sowie exklusive Golfresorts.

Carmel ❷

Carmel (4300 Einw.; 230 km) gehört zu den vornehmsten Küstenorten Kaliforniens. Hier ist man peinlich darum bemüht, sich ein ampel- und neonreklamefreies Stadtbild zu erhalten. Kein Geringerer als der Westernstar Clint Eastwood leitete in den 1980er Jahren zeitweise die lokalen Amtsgeschäfte als Bürgermeister. Den Kern

An der Pazifikküste südlich von Carmel

der Ortschaft bildet die **Mission San Carlos Borromeo del Rio Carmelo** (3080 Rio Rd.), 1770 vom Franziskanerpater Junipero Serra gegründet.

*Point Lobos State Reserve ❸

Die Point Lobos State Reserve ist ein Naturschutzgebiet, in dem mehr als 300 Pflanzen- und ebenso viele Tierarten beheimatet sind. Schon von den Spaniern wegen des lautstarken Bellens von Seelöwen *Punta de los Lobos Marinos* (Ort der Seewölfe) genannt, hat sich die Halbinsel bis heute ihre Seelöwenpopulation erhalten, die man oft am Sea Lion Point beobachten kann.

**Big Sur ❹

Kein Küstenabschnitt zwischen der kanadischen und mexikanischen Grenze kann es, was landschaftliche Dramatik anbelangt, mit Big Sur aufnehmen, dem Pazifiksaum zwischen Carmel und San Simeon. Der Hwy. One wird hier zur Berg- und Talbahn, steigt über Anhöhen und führt an verlassenen Sandbuchten vorbei, schlängelt sich an Klippen entlang und gibt den Blick frei auf eine großartige Steilküste, an der sich die mächtigen Pazifikwogen brechen.

San Simeon ❺

San Simeon (380 km) mauserte sich vom kleinen Walfängerhafen zu einem bekannten Touristenort. Dies verdankt der Ort dem ****Hearst Castle** ❻, das auf einer Anhöhe der Santa Lucia Mountains liegt und zu den großen Besucherattraktionen der kalifornischen Küste zählt. Bauherr war mit William Randolph Hearst der ehemalige Pressezar Kaliforniens, der von seinem Vater ein Riesenvermögen erbte und es durch seine erfolgreichen Boulevard-Zeitungen noch vergrößerte. Der Palast besteht aus mehreren Gebäudeteilen, die in einem Park mit Teichen und Wasserspielen liegen und mit Kunstwerken aus der ganzen Welt ausgestattet sind (Führungen tgl. 8 bis 15 Uhr, Reserv.: Tel. 800/444-4445 oder www.hearstcastle.org).

Morro Bay ❼

Morro Bay (10 300 Einw.; 425 km) besitzt im 175 m hohen Morro Rock sein unverwechselbares Kennzeichen. Der abgerundete Felsen, letzter Rest eines früheren Vulkans, ist ein Schutzgebiet für Wanderfalken, Kormorane, Pelikane und viele Zugvögel. Sehenswert ist das **Museum of Natural History** mit seinen interaktiven Ausstellungen über die lokale Küste.

San Luis Obispo ❽ bietet sich als Etappenziel für Reisende an, die es beschaulich mögen. Im kitschigen **Madonna Inn** kann der Gast unter 109 Räumen wählen, die individuell gestaltet sind – im Safari-Look oder in der Art europäischer Fürstenhäuser des 16. Jhs. Ein Hit sind die Cloud Nine Suite mit Engeln und der Elegance Room in Lavendel-, Blau- und Pinktönen. (100 Madonna Rd., Tel. 805/ 543-3000; www.madonnainn.com; rechtzeitig reservieren; ○○–○○○).

Prägende Baustile des Westens

Heute noch praktizierter ältester Baustil im Westen der USA ist der **Adobe-Stil.** Schon vor der Ankunft der ersten Spanier im Südwesten errichteten die Pueblo-Indianer im Tal des Rio Grande ihre Häuser aus luftgetrockneten Ziegeln, die aus feuchtem Lehm und zerkleinertem Stroh bestanden. Die Bauweise ist hauptsächlich in New Mexico verbreitet, da sich die Bauten im Sommer weniger schnell aufheizen, im Winter aber die Innenwärme halten.

Mit den spanischen Franziskanern kam der so genannte **Missionsstil** nach Amerika. Er zeichnet sich durch eine auffällige Ornamentierung mit Figuren, Säulen und pflanzlichen Motiven vor allem um die Eingänge an den Hauptfassaden aus und lässt Anleihen beim europäischen Barock erkennen.

Der in den ganzen USA verbreitete **viktorianische Baustil** prägte die Architektur der letzten Jahrzehnte des 19. Jhs. und kennzeichnet auch heute noch beispielsweise in San Francisco zahlreiche Stadtteile. Die aus Holz erbauten Häuser fallen durch verspielte Türmchen, Dachgauben und farbenfrohen Außenanstrich auf.

Plan Tour 1

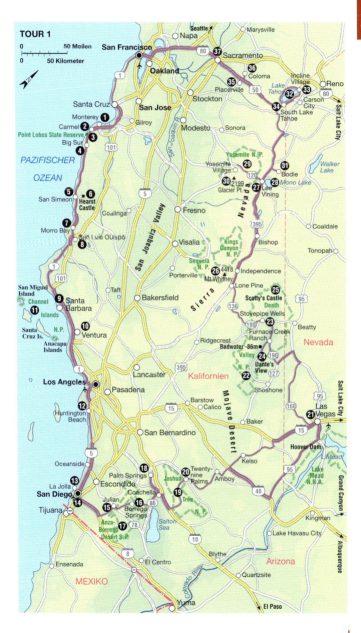

*Santa Barbara ❾

(92 300 Einw.; 610 km). Nirgendwo in Kalifornien bestimmt der spanische Baustil mit weiß getünchten Wänden, roten Ziegeldächern und von blühenden Bougainvillea-Sträuchern umrankten Balkonen das hübsche Stadtbild so nachdrücklich wie hier. Vorbild dieser Architektur, der die vielen Palmenalleen einen exotischen Reiz verleihen, war die **Mission Santa Barbara,** die wegen ihrer Schönheit als Königin der kalifornischen Missionen gilt. 1786 gegründet und 1820 fertig gestellt, gehört die von zwei Türmen flankierte Kirche zu den meistfotografierten Sakralbauten in Kalifornien (E. Los Olivos/Laguna Sts.).

Die Stadt mit ihren Arkaden, Plätzen und Höfen lädt zum Flanieren ein und gilt nicht umsonst als exklusives Ferienzentrum und Alterssitz für Politiker und Wirtschaftsbosse.

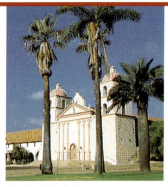

Mission Santa Barbara

San Ysidro Ranch, 900 San Ysidro Ln., Montecito, Tel. 805/969-5046, www.sanysidroranch.com. Luxuriöse Gäste-Ranch mit Reitstall, Tennis- und Golfplatz. Hier verbrachten Jackie und John F. Kennedy ihre Flitterwochen. ❍❍❍

■ **Ramada Inn,** 4770 Calle Real, Tel. 805/964-3511, www.sbramadacom. Schöne Zimmer in einer Gartenanlage mit Lagune und Wasserfall. ❍❍

■ **Motel 6 Beach,** 443 Corona del Mar, Tel. 805/564-1392, www.motel6.com. Einfaches Strandmotel. ❍

Downey's, 1305 State St., Tel. 966-5006, Mo Ruhetag. Kreative Fisch- und Lammgerichte. Preisgekrönte Küche. ❍❍❍

■ **La Super-Rica Taqueria,** 622 N. Milpas St., Tel. 963-4940. Gute mexikanische Gerichte für wenig Geld. ❍

Ventura ❿

Ventura (93 000 Einw.; 653 km) hat seinen historischen Kern in der bescheidenen **Mission San Buenaventura** (225 E. Main Street) von 1782. In der Nachbarschaft besitzt das **Ventura County Museum of History and Art** (100 E. Main St.) historische Exponate über die Chumash-Indianer der vorkolumbischen Ära, aber auch über die Zeit der spanischen Kolonisation und das amerikanische Pionierzeitalter.

Seine touristische Bedeutung verdankt Ventura weniger den lokalen Attraktionen als vielmehr den der Küste vorgelagerten Channel Islands. Das entrückte Naturparadies besteht aus acht Inseln, von denen fünf den **Channel Islands National Park** ⓫ bilden. Kein anderes Schutzgebiet Kaliforniens ist so naturbelassen wie dieses. Hotelanlagen und Feriendörfer gibt es nicht. Wer übernachten will, ist auf ein Zelt angewiesen. Die Naturschutzidee wird auf dem Archipel so konsequent durchgesetzt, dass man sich auf manchen Inseln bei Wanderungen von einem Parkranger begleiten lassen muss.

Das ganze Jahr über fahren vom Jachthafen in Ventura (Spinnaker Dr.) Ausflugsschiffe nach Anacapa Island. Die Insel Santa Barbara wird nur von

San Francisco → **San Diego → **Las Vegas → San Francisco   Tour 1

Ende Mai bis Anfang September angelaufen. Auf diese Insel sowie nach San Miguel Island und Santa Cruz Island gelangt man auch auf Tagesausflügen (Island Packers, 1691 Spinnaker Dr., Ventura, CA 93001, Tel. 805/642-1393, www.islandpackers.com).

Huntington Beach und *La Jolla

Südlich von Los Angeles (s. S. 38 ff.; 756 km) reihen sich vom in Surferkreisen bekannten **Huntington Beach** ⓬ bis an die Stadtgrenze von San Diego die flachen Sandstrände aneinander, die Kalifornien zum sprichwörtlichen Freizeitparadies machten.

La Jolla ⓭ liegt bereits im Einzugsbereich der Millionenstadt San Diego. Der hübsche Ort hat sich nicht nur durch seine malerische Steilküste mit idyllischen Badebuchten einen Namen gemacht, sondern auch durch seine krummen Straßen, die so gar nicht in das übliche Schachbrettmuster amerikanischer Städte passen wollen.

**San Diego ⓮

Diese Stadt (1,22 Mio. Einw.; 956 km) an der mexikanischen Grenze ist aufgrund ihres idealen Klimas zwölf Monate im Jahr ein attraktives Urlaubsziel mit vielfältigen Sehenswürdigkeiten, unter denen der weltbekannte ****Zoo** am populärsten ist. Neueste Errungenschaft auf dem landschaftlich wunderschönen Gelände mit einem tropischen Regenwald, Wasserfällen und exotischen Pflanzen ist Gorilla Tropics, eine der Natur nachempfundene Anlage für Gorillas. Wer sich einen Überblick über den gesamten Zoo verschaffen will, kann entweder eine Drei-Meilen-Tour mit dem Bus fahren, die rund 40 Minuten dauert, oder sich vom Zooeingang mit der Skyfari-Seilbahn bis ans Ende des Geländes bringen lassen, um von dort zu Fuß zum Eingang zurückzukehren. (tgl. 9 Uhr bis Sonnenuntergang, www.sandiegozoo.org).

Der Zoo liegt innerhalb des **Balboa Parks,** in dem sich 12 Museen der Stadt konzentrieren (ein verbilligtes Kombi-Ticket gilt auch für den Zoo). Das Reuben H. Fleet Space Theater and Science Center besitzt ein Omnimax-Theater, ein Planetarium und Exponate aus Raumfahrt und Astronomic. Das Natural History Museum wurde 1874 gegründet und ist die älteste wissenschaftliche Einrichtung im südlichen Kalifornien. Zu den Ausstellungsstücken zählen Fossilien, Mineralien, Insekten, Reptilien sowie die Überreste des einzigen jemals im

> ### Für Nachtschwärmer
>
> **Hillcrest** in Uptown San Diego lädt mit von Bäumen gesäumten Straßen, Art-déco-Gebäuden und kleinstädtischem Flair zum Bummeln ein. Noch bekannter ist die im Trend liegende Gegend unter Nachtschwärmern. Allein an der bis zum Harbor Drive reichenden Fifth Avenue bilden über 100 Restaurants und Cafés ein Feinschmeckerviertel mit internationalem Angebot, das sich sehen lassen kann. Am höchsten schlagen die Wellen beim alljährlichen CityFest im Hochsommer. Die Straßen werden anlässlich dieser Riesenfete in einen Open-Air-Markt umgewandelt, auf dem alles verkauft wird, was Herz und Gaumen erfreut.

Karte Seite 51

Tour 1 Hitparade zwischen Pazifik und Wüste

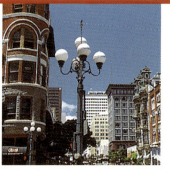

Historischer Gaslamp District
von San Diego

Sea World von San Diego:
Show mit Schwertwalen

Gebiet von San Diego gefundenen Sauriers. Dem Museum schließt sich das Spanish Village Arts Center an mit den Studios von Töpfern, Malern und Silberschmieden.

Downtown San Diego wurde behutsam renoviert. Vor allem im **Gaslamp District,** der Altstadt mit ihren Restaurants und Bars, sollten die zahlreichen historischen Bauten aus rotem Ziegelstein der Nachwelt so unverfälscht wie möglich erhalten bleiben.

🎁 Einen Kontrapunkt bildet die **Horton Plaza,** ein modernes Einkaufszentrum in verspielter Architektur um einen offenen Innenhof.

Ein kurzer Spaziergang führt zum Hafen von San Diego mit dem **Maritime Museum,** wo neben dem Fährdampfer »Berkeley« aus San Francisco die 1863 erbaute Segler »Star of India« und der Passagierdampfer »Medea« vor Anker liegen (www.sdmaritime.com). Weiter südlich gibt sich das **Seaport Village** mit seinen vielen Geschäften, Eiscafés und Restaurants durch und durch touristisch (www.spvillage.com). Einen weiteren nautischen Akzent setzt das neue **San Diego Aircraft Carrier Museum** an Bord des Flugzeugträgers »USS Midway« am Navy Pier.

Im Norden der Stadt hält **Old Town** die Erinnerung an die Geschichte der Stadt aufrecht. Auf dem Presidio-Hügel gründeten die Franziskaner 1769 die erste kalifornische Mission **Basilica San Diego de Alcala,** die fünf Jahre später ca. 10 km weiter an ihre heutige Stelle im Mission Valley verlegt wurde. Old Town bildet einen State Historic Park, in dem historische Adobe-Bauten (s. S. 50) wie die **Casa de Bandini** oder die 1827 errichtete **Casa de Estudillo** zu besichtigen sind.

Weiter nördlich dehnt sich zwischen I-5 und Pazifik der **Mission Bay Park** aus, der durch künstliche Kanäle und Lagunen in ein attraktives Freizeitareal verwandelt wurde. Größter Besuchermagnet ist hier der Meerespark ****Sea World,** wo spektakuläre Dressurnummern mit Killerwalen, Delfinen und Walrossen gezeigt werden (im Sommer tgl. 9 Uhr bis Sonnenuntergang, www.4adventure.com.)

Wie ein schützender Arm legt sich die Point Loma Peninsula um die Bucht von San Diego. An der Südspitze der bergigen Halbinsel erinnert das **Cabrillo National Monument** an den Seefahrer Juan Rodriguez Cabrillo, der 1542 als erster Europäer beim heutigen San Diego Anker setzte. Vom Denkmal reicht der Blick über die ganze Bucht von San Diego, die Coronado-Halbinsel und das Stadtzentrum. Als Wahrzeichen von San Diego gilt das 127 m über dem Meeresspiegel stehende **Point Loma Lighthouse,** eine 1855 in Betrieb genommene Station der Küstenwache.

 San Diego Convention & Visitors Bureau, 401 B St., Suite 1400, San Diego, CA 92101, Tel. 619/232-1212; www.sandiego.org. International Visitor Information Center, Ecke Harbor Dr./W. Broadway

Flughafen: San Diego International Airport, 5 km nordwestlich von Downtown. Der Access Shuttle (Tel. 1-800/690-9090) verkehrt zu den Hotels im Zentrum.
Bahnhof: Amtrak, Santa Fe Depot, 1050 Kettner Blvd., Tel. 800/872-7245
Busverbindungen: Greyhound-Busse (120 W. Broadway, Tel. 619/239-3266) fahren täglich nach Los Angeles und San Francisco. Tijuana-Besucher können mit dem San Diego Trolley (Tel. 619/595-4949) zum Grenzübergang von San Ysidro fahren.

 Hotel Del Coronado, 1500 Orange Ave., Tel. 619/435-6611; www.hoteldel.com. Prachthotel im viktorianischen Stil. ○○○
❚ **Holiday Inn Old Town,** 2435 Jefferson St., Tel. 619/260-8500; www.sixcontinentshotels.com. Gut ausgestattete Unterkunft mit Fitnesscenter und Shuttle-Service. ○○–○○○
❚ **Comfort Inn,** 2201 Hotel Circle, Tel. 619/881-6800; www.comfortinnhotelcircle.com. Ideal für Familien; die Suiten haben jeweils 2 Zimmer und Küche. ○○
Campingplatz: Lake Jennings County Park Campground, ca. 5 Meilen östlich von El Cajon an der I-8, Tel. 877/565-3600. Schöne Lage auf einem Hügel mit Blick über den See.

Im Zeichen von Krummstab und Glocke

Der **Mission Trail** ist die bekannteste historische Touristenroute Kaliforniens. Früher hieß die von San Diego bis nördlich von San Francisco reichende Straße **Camino Real** (Königsweg), die als Verbindungsweg zwischen den im 18. und 19. Jh. gegründeten insgesamt 21 spanischen Missionsstationen diente. Die Missionierung des Landes begann 1769, als von Mexiko her die ersten spanischen Expeditionen nach Norden vordrangen. Damals gründete der Franziskanermönch Junipero Serra (1713 bis 1784) in San Diego die erste Mission. Auch die zweite Station, San Carlos Borromeo de Carmelo, wurde 1770 von Serra in Monterey aufgebaut, später aber als Muttermission nach Carmel verlegt. Jeweils eine Tagesreise voneinander entfernt, spielten die klösterlichen Ansiedlungen bei der wirtschaftlichen Durchdringung des Landes, aber auch bei der Absicherung spanischer Gebietsansprüche gegenüber den rivalisierenden Interessen der Russen, Engländer, Franzosen und Amerikaner eine bedeutende Rolle. Um die teils riesigen Ländereien überhaupt kultivieren zu können, bedienten sich die Mönche der Indianer, die – falls notwendig – zur Zwangsarbeit herangezogen wurden und in Massen an von den Weißen eingeschleppten Krankheiten starben, gegen die ihr Immunsystem sie nicht schützen konnte.

Harbor House, 831 W. Harbor Dr., Tel. 232-1141. Köstliche Seafood-Gerichte mit Hafenblick. ○○
- **Hooters,** 410 Market St., Tel. 235-HOOT, tgl. Populäres Kettenlokal mit hübschen Bedienungen. ○○
- **Top-of-the-Market-Restaurant,** 750 N. Harbor Dr., Tel. 234-4867. Ebenerdig befinden sich der Fischmarkt sowie eine Sushi- und Austernbar; das Restaurant im 1. Stock serviert den frischen Fang der eigenen Flotte. ○○
- **Casa de Bandini,** 2660 Calhoun St., Tel. 297-8211. Mexikanische Küche in einem Gebäude von 1829 oder im gemütlichen Garten, in Old Town. ○
- **Corvette Diner Bar & Grill,** 3946 5th Ave., Tel. 542-1476. Diner im Stil der 1950er im Hillcrest-Viertel. ○

Dick's Last Resort, 345 4th Ave., Tel. 231-9100. Hier gibt's Biere aus aller Welt.

Zum *Anza Borrego Desert State Park

Im Osten des Großraums San Diego, nur durch die bewaldeten Höhenzüge des Küstengebirges vom Meer getrennt, lauert der Backofen der südkalifornischen Wüste. Hinter dem nett altmodischen Städtchen **Julian** , das sich als Apfelhochburg einen Namen gemacht hat, verliert das Terrain an Höhe. Mit jedem Meter nimmt die Temperatur zu.

In **Borrego Springs** ⓯ (Hotels und RV-Park) informiert ein Besucherzentrum über die südkalifornischen Wüsten und den **Anza Borrego Desert State Park** ⓱. Im Februar und März berauschen sich die Besucher an den blühenden Kakteen, die sich um diese Jahreszeit von ihrer schönsten Seite zeigen. Ein berühmter Blütenpfad ist

Fasskakteen im Anza Borrego Desert State Park

der Borrego Palm Canyon Hike, der beim Borrego Palm Canyon Campground beginn (ca. 3 km nordwestl. Visitor Center). Wann die Blüte ihren Höhepunkt erreicht, hängt vom Klima ab.

Palm Springs ⓲

Palm Springs (1243 km) kennt in Kalifornien jedes Kind als exklusive Wüstenei, in der vor allem Prominente aus dem Showbusiness bei frühlingshaften Temperaturen die Wintermonate verbringen. Die Stadt ist von exklusiven Hotelanlagen umgeben und verfügt über Shoppingmalls mit erlesenem Angebot. Die Gondelbahn Aerial Tramway bringt Gäste in rotierenden Gondeln aus der Sommerhitze auf den 2596 m hohen **Mount Jacinto** mit zahlreichen Wanderwegen.

Bei **Los Compadres Stable** (1849 S. El Cielo Road, Palm Springs, Tel. 760/327-5411) kann man sich zu geführten Canyontouren in den Reitsattel schwingen.

San Francisco → **San Diego → **Las Vegas → San Francisco   Tour 1

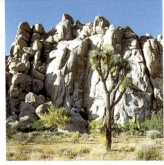

Faszinierende Trockenlandschaft im Joshua Tree National Park

*Joshua Tree National Park ⓲

Palm Springs ist Ausgangspunkt für Touren in diese faszinierende Trockenlandschaft, die aus zwei Wüstentypen besteht. Der südliche Teil des Parks gehört zur niedrig gelegenen Sonorawüste, die sich bis nach Arizona ausbreitet. Die nördlichen Abschnitte sind Teil der Mojave-Wüste mit über 1000 m hoch ansteigendem Terrain und kühlerem Klima. In beiden Regionen gibt es verschiedene Vegetationsarten (www.nps.gov/jotr).

Der südliche Parkeingang liegt an der I-10 bei der **Cottonwood Ranger Station.** Von dort führt die nur streckenweise asphaltierte Parkstraße durch eine Kakteenlandschaft von exotischem Reiz, vorbei an riesigen Granitfelsen, in denen das ganze Jahr über Felskletterer trainieren. Der Nordausgang aus diesem Wüstenparadies führt zur Ortschaft **Twentynine Palms ⓴** (Hotels und Restaurants).

Dort beginnt ein weiterer abenteuerlicher Wüstentrip quer durch eine fast menschenleere Landschaft mit abweisenden Wüstenbergen, Kakteenregionen und ausgetrockneten Seen. Wer die Route über Amboy und Kelso wählt, sollte vorab volltanken und genügend Trinkbares an Bord haben. Weniger Abenteuerlustige erreichen Las Vegas auf den großen Verkehrsverbindungen I-40 und Hwy. 95.

 **Las Vegas ㉑

Las Vegas (478 000 Einw.; 1710 km) erlebt seit den 1990er Jahren seinen x-ten Kasino-Frühling. Seit der Fertigstellung von **Caesar's Palace** im römischen Stil in den 1960er Jahren war der südliche **Strip,** wie der Las Vegas Boulevard bei den Einheimischen heißt, Fokus der touristischen Entwicklung. Später zog das prunkvolle **Mirage** mit einem künstlichen Vulkan und einem echten Regenwald in der Hotelhalle nach, ehe das Märchenschloss **Excalibur** und der Piratenspielplatz **Treasure Island, Bellagio, The Venetian, New York New York** und **Paris Las Vegas** folgten.

Mit über 5000 Zimmern ist das **MGM Grand Hotel** samt Vergnügungspark eines der größten Resort-Hotels der Welt. Die 30 Stockwerke hohe Pyramide **Luxor** protzt nicht nur mit ihrer enormen Größe, sondern auch mit altägyptischem Ambiente und originalgetreuem Tutenchamun-Grab. Supermodern präsentiert sich der **Stratosphere Tower** mit der Aussichtsplattform in 274 m Höhe.

Auch die Glitzerschlucht **Fremont Street** in Downtown Las Vegas hat sich verändert. Wo der berühmte Neoncowboy die Besucher der Stadt begrüßt, entstand ein Fantasieland unter einem 30 m hohen Dach, das die Straße auf 500 m Länge überwölbt. Die Spielkasinos werden in der Sommerhitze zu klimatisierten Fluchtburgen mit künstlicher Beleuchtung. Armeen einarmiger Banditen sorgen mit Geklimper und elektronischem Gejaule für die unverkennbare Geräuschkulisse. Auf dem grünen Filz der Spiel-

Tour 1 Hitparade zwischen Pazifik und Wüste

In der neonbunten Wüstenstadt

tische werden Black-Jack-Karten gemischt, und die Roulettekugeln kreisen. In Wettsälen setzen die Wettkunden auf Hunde, Pferde, Tennisstars oder Schwergewichtsboxer.

Las Vegas Convention and Visitors Authority,
3150 Paradise Rd., Las Vegas, NV 89109, Tel. 702/892–0711; www.lasvegasfreedom.de

Eine Hochzeit ...

... in Las Vegas ermöglicht das **Marriage License Bureau,** 200 S. 3rd St., Tel. 702/455-4415, Mo–Do 8–24 Uhr, Fr–So rund um die Uhr. Das Mindestalter beträgt 18 Jahre. 35 $ kostet die Heiratslizenz, die im Clark Country Court House ausgestellt wird. Ein Arrangement in einer der drei Dutzend Wedding Chapels inklusive Zeugen ist ab 60 $ zu haben.

Flughafen: McCarran 2000 International Airport, 8 km südöstlich des Strip. Gray-Line-Airport-Express-Busse fahren stündlich zum Strip bzw. nach Downtown. Größere Hotels haben eigene Zubringerbusse.
Bahn: Der Bahnverkehr von Los Angeles nach Las Vegas ist bisher noch nicht wieder aufgenommen worden.
Busverbindungen: Greyhound, 200 S. Main St., Tel. 702/384-9561. Bus Nr. 301 fährt rund um die Uhr den Strip auf und ab, Kasino-Busse pendeln zwischen den größeren Hotels.
Monorail: Die im Sommer 2004 in Betrieb genommene Hochbahn musste wegen technischer Probleme zeitweise stillgelegt werden. Sie verbindet das MGM Grand Hotelkasino im Süden mit dem Sahara Casino im Norden.

An Feiertagen und Wochenenden ist die Zimmersuche evtl. schwierig. Zentr. Zimmervermittlung: www.webweevers.com/vegas.htm.
▪ **The Mirage,** 3400 Las Vegas Blvd., Tel. 702/791-7111; www.themirage.com. Sehr gepflegtes Kasino-Hotel mit tropischem Dschungel und einem Haifischaquarium hinter der Rezeption. ○○○
▪ **Caesars Palace,** 3570 Las Vegas Blvd. S., Tel. 702/731-7110; www.caesars.com. Klassiker unter den Kasinos im römischen Stil, mit unterirdischem Einkaufsparadies. ○○○
▪ **MGM Grand Hotel,** 3799 Las Vegas Blvd. S., Tel. 702/891-1111; www.mgmgrand.com. Mit über 5000 Räumen das größte Hotelkasino der Welt, mit Vergnügungspark, Konzerthalle und Achterbahn. ○○
▪ **Circus Circus Hotel,** 2880 Las Vegas Blvd. S., Tel. 702/734-0410; www.circuscircus.com. Beliebt bei Familien mit Kindern; Programm mit Clowns, Akrobaten und Spielen. ○

Campingplatz: Circusland RV Park,
500 Circus Circus Dr.,
Tel. 702/734-0410. Liegt direkt am Strip, nur für Wohnmobile.

Sehr beliebt sind die Buffets der Kasinos, bei denen man zu einem Fixpreis essen und trinken (Softdrinks, Kaffee) kann, was und so viel man will. Preise und Qualität unterscheiden sich, am besten sind die Buffets von **The Mirage** (s. S. 58) und **Bellagio** (3600 S. Las Vegas Blvd.), preiswerter und einfacher das im **Circus Circus** (s. S. 58.).

Death Valley N. P.

Zwei Autostunden von Las Vegas entfernt dehnt sich mit dem Death Valley (1930 km) einer der jüngsten Nationalparks des Landes aus, der zuvor als National Monument verwaltet wurde. Das Tal des Todes besitzt einen geradezu legendären Ruf als eine der extremsten Landschaften Nordamerikas. Bei **Badwater** liegt am Rande eines ausgedehnten Salzsees mit 86 m unter dem Meeresspiegel die tiefste Stelle der westlichen Hemisphäre.

Auf der Fahrt zum Death Valley empfiehlt sich ein Stopp im **Red Buggy Café** in der winzigen Wüstengemeinde Shoshone (an der Durchgangsstraße, Tel. 760/852-9908; ○).

Bei **Stovepipe Wells** dehnt sich eine wunderbare Dünenlandschaft aus, während vom hoch über dem Tal gelegenen Aussichtspunkt **Dante's View** das gesamte Death Valley ins Blickfeld rückt. **Zabriskie Point** ist bei Sonnenauf- bzw. Sonnenuntergang ohne Frage der meistbesuchte Punkt im Nationalpark. Wenn die schrägen Sonnenstrahlen die vegetationslosen,

Bizarre Kalkformationen im Mono Lake

erodierten Formationen aus Sand und Stein in prachtvolle Theaterkulissen verwandeln, bietet sich hier ein grandioses Naturschauspiel. Im nördlichen Teil des Tales steht **Scotty's Castle**, das von der unglaublichen, aber wahren Lebensgeschichte des Walter C. Scott umrankte Anwesen im andalusischen Stil.

Zum Mono Lake

Hwy. 190 verlässt das Death Valley in westlicher Richtung und führt geradewegs auf die Sierra Nevada zu, über der bei Lone Pine der 4418 m hohe **Mount Whitney**, der höchste Berg auf dem zusammenhängenden Staatsgebiet der USA, thront.

An der Ostflanke des Gebirges verläuft die Straße im Owens Valley nach Norden und erreicht den Ort **Lee Vining** (2300 km), der nur aus einigen Häusern besteht, sich aber als Ausgangspunkt für Touren zum **Mono Lake** einen Namen gemacht hat. Der See ist nicht nur eines der ältesten, sondern auch eines der seltsamsten Gewässer des amerikanischen Westens. An seinem Süd- und Nordufer, die für viele Zugvögel einen wichtigen Rastplatz bilden, stehen so genannte Tufas, meterhohe, bizarre

Kalkgebilde, die aussehen wie Termitenhügel. Das Gewässer war lange in seiner Existenz bedroht, bis eine Bürgerinitiative Schutzmaßnahmen durchsetzen konnte.

***Yosemite National Park ㉙

Von Lee Vining führt ein Abstecher über die mehr als 3000 m hohe Tioga-Pass-Straße (im Winter gesperrt) in den Yosemite National Park. Auf wenigen Kilometern steigt der Hwy. 120 vom wüstenhaften Großen Becken in die aus grauen Granitriesen und stillen Seen bestehende Bergwelt der Sierra an. Am **Olmstedt Point** erscheint am Horizont das Wahrzeichen von Yosemite, der charakteristische Buckel des **Half Dome,** der sich am schönsten vom unvergleichlichen ****Yosemite Valley** (2414 km) aus präsentiert. Das tief eingeschnittene Tal bekam seine U-förmige Gestalt am Ende der letzten Eiszeit, als mächtige Gletscher den Einschnitt ausfrästen. Zu beiden Seiten fassen über 1000 m hohe Klippen und Bergspitzen das Tal ein, wie etwa **El Capitan**, ein 980 m hoher, fast senkrechter Monolith, an dem vom Frühjahr bis in den Herbst Bergsteiger ihr Können testen.

An den **Bridal Veil Falls** und den **Yosemite Falls** stürzt das Wasser von der Abbruchkante über dem Valley auf den Talboden, wo mit **Curry Village** und **Yosemite Village** zwei kleine Dörfer mit Hotels, Zeltplätzen und anderen touristischen Einrichtungen liegen. Ausflüge führen vom Tal zum ***Glacier Point** ㉚ mit fantastischem Blick auf die Welt der Sierra und zum **Mariposa Grove** am Südeingang des Parks, wo in zahlreichen Hainen der stolze Mammutbaum *(Sequoia gigantea)* überlebt hat.

Superintendent, P.O. Box 577, Yosemite N. P., CA 95389, Tel. 209/372-0200; www.nps.gov/yose. Information in Yosemite Village.

Alle Hotels im Park können reserviert werden unter Tel. 559/252-4848 oder im Internet: www.yosemitepark.com/html/accom_reservation.html.
- **The Ahwanee,** Yosemite Village. Luxushotel von 1927 mit angenehmer Atmosphäre. ○○○
- **Yosemite Lodge,** Yosemite Village. Unterkunft in gut ausgestatteten Hotelzimmern bis zu einfachen Cabins. ○○–○○○
- **Curry Village Cottages,** Curry Village. Man übernachtet in einfachen Hütten, manche mit Bad. ○–○○

Die 13 **Campingplätze** im Park sind in der Hauptsaison schnell belegt. Von Anfang Mai bis Mitte Sept. darf man maximal 7 Tage bleiben. Reservierung: Tel. 301/722-1257; www.reservations.nps.gov.

Außer in den Curry Village Cottages, wo es nur eine **Cafeteria** gibt, sind alle Hotels mit Restaurants ausgestattet.

Die Lower Yosemite Falls im Yosemite National Park

Bärenstark!

In Yosemite brechen immer wieder Bären, die Nahrungsmittel wittern, Autos auf. Parkranger empfehlen, Essbares und selbst Zahnpasta in bärensicheren Containern zu lagern.

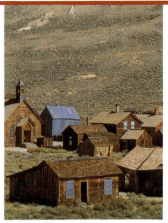

In der Geisterstadt Bodie schürften um 1880 Bergarbeiter nach Silber

*Bodie ③①

Kaum irgendwo auf kalifornischem Boden stellt sich die Vergangenheit des Landes so sympathisch-ungeschminkt dar wie in der abgelegenen Geisterstadt (2555 km) nördlich des Mono Lake. Wo heute der Wind an den hölzernen Häusern rüttelt und altes Bergbaugerät auf grasigen Flächen Rost ansetzt, lebten in den 70er Jahren des 19. Jhs. etwa 10 000 Menschen. Kaum ein Tag verging ohne Schießerei. In den mehr als drei Dutzend Kneipen und Tanzhallen herrschte das Gesetz des Stärkeren. Innerhalb von rund 20 Jahren buddelten die Prospektoren Gold im Wert von über 100 Mio. $ aus dem Boden.

**Lake Tahoe ③②

Der See, den sich Kalifornien und Nevada teilen, wird gerne als das blaue Wunder der Sierra Nevada bezeichnet. Am Nevada-Ufer des kristallklaren, ca. 40 km langen und 520 km² großen Sees entstand in den 1950er Jahren der TV-Renner »Bonanza« auf der

berühmten **Ponderosa Ranch** ③③ in Incline Village, die ihre Anziehungskraft auf Jung und Alt noch nicht verloren hat (www.ponderosaranch.com).

South Lake Tahoe ③④ (23 600 Einw.; 2725 km) ist das bekannteste Touristenzentrum. Am Südende des Sees ballen sich Hotels, Motels, Restaurants und Einkaufsmöglichkeiten. In der Nachbarschaft jenseits der Grenze zu Nevada liegt die Ortschaft **Stateline,** die nur aus den Betonburgen der Hotelkasinos besteht. Da in Kalifornien das Glücksspiel verboten ist, pilgert man an den Wochenenden über die Staatsgrenze, um dort Roulettekugeln rollen zu lassen. Rund um den Lake Tahoe, dessen Umgebung zu den großen Wintersportgebieten des Westens zählt, führt eine 116 km lange Asphaltstraße mit Zugängen zu mehr als einem Dutzend schöner Strände, die im Sommer zum Baden einladen.

Am Westufer des Sees liegt die malerische *Emerald Bay** mit **Fanette Island.** Am Ufer der smaragdgrünen Bucht ließ in den 1920er Jahren eine Millionärin die Residenz **Vikingsholm** im skandinavischen Stil erbauen (Führungen im Sommer tgl. 10–16 Uhr, www.vikingsholm.com).

Placerville ③⑤

Placerville (9600 Einw.; 2821 km) liegt am Westrand der Sierra Nevada in jenem Gebiet, in dem 1848 der kalifornische Goldrausch ausbrach. Nicht weit entfernt in **Coloma** ㊱ am American River stieß James Marshall im Januar 1848 auf den denkwürdigsten Goldfund Kaliforniens. Placerville trug damals den Namen »Hangtown«, weil mit vielen Desperados kurzer Prozess gemacht wurde. In der Gold Bug Mine und im El Dorado County Historical Museum kann man die Überbleibsel dieser glorreichen Vergangenheit besichtigen.

Sacramento ㊲

Sacramento (407 000 Einw.; 2901 km) ist seit 1854 Kaliforniens Hauptstadt. Ihre dokumentierte Geschichte beginnt im Jahr 1839, als der deutsch-schweizerische Einwanderer Johann August Sutter dort seine Kolonie Neu-Helvetien aufbaute.

Wo sich seinerzeit die erste Ansiedlung befand, hält heute ***Sutter's Fort** (2701 L St.) die Erinnerung an die kalifornische Vergangenheit wach. Die befestigte Anlage ist weitgehend ein Nachbau nach Originalplänen und sieht aus wie im Jahr 1846. An Wochenenden erwacht das Fort zu neuem Leben, wenn Freiwillige in historischen Kostümen das Leben in Neu-Helvetien so nachstellen, wie es sich um die Mitte des 19. Jhs. abspielte.

Neben dem Fort bekommt man im **California State Indian Museum** (2618 K St.) anhand vielfältiger Exponate wie Schmuck und Kleidungsstücken einen umfassenden Einblick in die verschiedenen Indianerkulturen Kaliforniens. Das kalifornische Parlament, das State Capitol, liegt inmitten des **Capitol Park** mit vielen exotischen Baumarten.

Vom Kapitol aus führt die Capitol Mall direkt zum ***Old Sacramento State Historic Park** am Ufer des Sacramento River. Über vier Blocks erstreckt sich die historische Altstadt im Stil der Goldrausch-Ära mit mehr als 100 seit 1965 wieder aufgebauten bzw. renovierten Häusern.

Badespaß

Eine populäre Attraktion Sacramentos ist der Wasservergnügungspark **Waterworld USA** (1600 Exposition Blvd., Tel. 916/924-0556) mit vielen abenteuerlichen Wasserrutschen.

Im **Visitor Center** (1608 St / 13th St., Di–Fr 11–15 Uhr) bekommt man Kartenmaterial z. B. für den Rundgang zum ***California State Railroad Museum,** dem bekanntesten Eisenbahnmuseum des Westens.

Delta King Riverboat, 1000 Front St., Tel. 916-444-5464; www.deltaking.com. Historischer Schaufelraddampfer mit 43 Kabinen inkl. eigenem Bad. ○○○

▮ Days Inn Discovery Park, 350 Bercut Dr., Tel. 916/442-6971; www.daysinn.com. Gemütlich eingerichtete Zimmer, Swimming- und Whirlpool. ○○

The Firehouse, 1112 2nd St., Tel. 442-4772, So Ruhetag. Einst das Quartier der Feuerwehr, europäische Küche. ○○○

▮ Crawdad's River Cantina, 1375 Garden Hwy., Tel. 929-2268. Schön am Ufer des Sacramento River gelegen; mexikanische und texanische Speisen. ○○

Die schnellste Verbindung von Sacramento nach San Francisco (s. S. 32 ff.; 3053 km) ist die I-80.

1 Karte Seite 51

Tour 2

Berühmte Parks im Südwesten

Los Angeles → ***Grand Canyon N. P. → **Bryce Canyon N. P. → **Arches N. P. → ***Mesa Verde N. P. → **Monument Valley → Phoenix → Los Angeles (3607 km)

Der Hoover Dam staut den Colorado zum Lake Mead

Lachsrote Sandsteinbögen wie uralte Himmelspforten, tief eingeschnittene Canyons, die Irrgärten auf einem fernen Planeten ähneln, tosende Wasserfälle und versteinerte Baumstämme, die ihr Leben beendet hatten, lange bevor die Saurier ausstarben. Malerische Stauseen, menschenleere Wüstenstriche, jahrhundertealte Felszeichnungen, Indianerruinen und adlerhorstähnliche Klippenwohnungen – der Südwesten ist voll von Attraktionen, Raritäten und Merkwürdigkeiten aus der Werkstatt des Großen Manitou. Dieser Teil der USA ist Indianerland mit der größten Reservation überhaupt. Nirgends konzentrieren sich so viele unglaublichen Naturphänomene, reihen sich die berühmten Nationalparks so dicht aneinander wie in diesem exotischen Paradies auf Erden. Deshalb sollten Unterkünfte und Campingplätze in den großen Parks möglichst schon Monate im Voraus reserviert werden. Drei Urlaubswochen sind das Mindeste, was diese Supertour an Zeit verdient.

Vom Großraum Los Angeles (s. S. 38 ff.) führt die I-15 in nordöstlicher Richtung über den 1298 m hohen Cajon Pass nach Las Vegas (435 km; s. S. 57 ff.).

Hoover Dam ⓷

Im Süden von Las Vegas sorgt der Hoover-Staudamm, der den Colorado River aufstaut, für die Stromversorgung der »Neonhauptstadt der Welt«. Er zählt zu den gewaltigsten Bauwerken des amerikanischen Westens und entstand zwischen 1931 und 1936. Der Fluss wurde durch vier riesige Tunnel umgeleitet, ehe damit begonnen werden konnte, loses Material aus dem Flussbett zu baggern. Die Oberkante des Dammes liegt 221 m über dem Felsfundament, an dem die 210 m dicke Dammbasis dem ungeheuren Wasserdruck standhalten muss. Insgesamt 17 Turbinengeneratoren produzieren durchschnittlich 1,3 Mio. Kilowatt, die dafür sorgen, dass sich die Hotelkasinos in Las Vegas jeden Abend ihr Lichterkleid anziehen können. Nach den Terroranschlägen vom September 2001 an der US-Ostküste wurden die Sicherheitsvorkehrungen am Damm verstärkt und die Besichtigungsprogramme eingeschränkt (Führungen halbstündig 9–16.30 Uhr).

Hinter dem Damm dehnt sich der **Lake Mead** ⓸ aus, ein 185 km langer

See mit fast 1000 km Ufer. Er ist mit 770 km² Fläche das größte von Menschenhand geschaffene Gewässer der westlichen Hemisphäre und entwickelte sich in den letzten Jahrzehnten zu einem renommierten Freizeitgebiet für Wassersportler und Erholung Suchende.

***Grand Canyon N. P.

Die berühmteste Schlucht der Welt: der Grand Canyon

Kingman ⓰ (584 km) ist das nächste Etappenziel für Touristen, die auf dem Weg zum **Grand Canyon N. P.** ⓱ (852 km) sind, einer der berühmtesten Naturkulissen der USA. Bis zu einer Tiefe von 1800 m fraß sich der aus den Rocky Mountains kommende Colorado River in Millionen von Jahren in die Erdrinde ein und legte dabei Gesteinsschichten frei, die mit über 2 Mrd. Jahren beinahe halb so alt wie die Erde sind. Ein Museum am **Yavapai Point** stellt die Geologie des Grand Canyon auf anschauliche Weise dar.

Im touristischen Epizentrum des Nationalparks liegt das **Grand Canyon Village** am Südrand des Canyons. Von dort sowie von vielen benachbarten Aussichtspunkten reicht der Blick – am schönsten bei Sonnenuntergang – in den Canyon, wo der Colorado River seinen Lauf nach Westen nimmt.

Abenteuerliche **Schlauchboottouren** auf dem Colorado River durch den Grand Canyon kann man von April bis Okt. buchen bei: Rivers & Oceans, P. O. Box 40321, Flagstaff, AZ 86004, Tel. 928/526-4575, www.rivers-oceans.com (s. Special S. 6)

Abenteuer Leinwand

Es muss nicht unbedingt ein verregneter Nachmittag sein, der die Besucher ins IMAX Theater in der Ortschaft Tusayan an der Parkgrenze treibt. Längst hat es sich herumgesprochen: Der dort auf eine Riesenleinwand projizierte Film »Grand Canyon – The Hidden Secrets« ist ein Publikumserfolg ersten Ranges. Der Streifen beginnt mit historischen Szenen, in denen Anasazi-Indianer ihre Steinhäuser in die steilen Klippen der Riesenschlucht bauen. Über die Entdeckungsgeschichte, an der Major John Wesley Powell einen Hauptanteil hatte, schlägt der Film einen Bogen in die heutige Zeit und schließt mit Aufnahmen von einem Hubschrauber, der über der grandiosen Naturlandschaft schwebt. Die Bilder zählen zu den großartigsten Naturaufnahmen, die je auf eine Kinoleinwand projiziert wurden (National Geographic Visitor Center, SR 64, Tel. 928/638-2203; www.grandcanyonimaxtheater.com; Vorstellungen jede halbe Stunde, März–Okt. 8.30–20.30, Nov.–Febr. 10.30–18.30 Uhr).

Unterschiedliche Pfade führen in den Canyon hinab. Die Parkranger haben in den Sommermonaten alle Hände voll zu tun, um ortsfremde Besucher davon zu überzeugen, dass es eine Canyontour durchaus in sich hat. Der Abstieg auf dem stark frequentierten **Bright Angel Trail** ist noch recht einfach. Die Anstrengung bekommt der Hiker erst beim Aufstieg zu spüren, wenn knapp 2000 Höhenmeter bei Schweiß treibenden Temperaturen bewältigt werden müssen, die in tieferen Lagen gut über 40 °C betragen. Der **South Rim** lässt sich am bequemsten mit dem Shuttle-Bus erkunden, der in der Hauptsaison sämtliche Aussichtspunkte westlich des Village anfährt. Die Passagiere können nach Belieben ein- oder aussteigen.

Superintendent, Grand Canyon National Park, P.O. Box 129, Grand Canyon, AZ 86023, Tel. 928/638-7888; www.nps.gov/grca. Zentrales Visitor Center im Grand Canyon Village.

Zentrale Reservierung für alle Hotels am South Rim: Tel. 303/297-2757, www.nps.gov/grca/pphtml/lodging.html; in der Hochsaison (rechtzeitig reservieren!) kann man notfalls nach Tusayan bzw. Flagstaff ausweichen.
▎**El Tovar Hotel,** Grand Canyon Village. Historische Nobelherberge mit Blick in den Canyon. ○○○
▎**Kachina Lodge,** Grand Canyon Village. Nur wenige Schritte von der Canyonkante entfernt. ○○
▎**Yavapai Lodge,** beim Visitor Center. Liegt zwischen Canyonrand und den kommerziellen Einrichtungen. ○○
▎**Campingplätze:** Mehrere Plätze sowohl entlang der Canyonkante als auch außerhalb der Parkgrenzen. Reservierung für **Mather Campground** (Tel. 301/722-1257) nur im Sommer obligatorisch. **Desert View Campground** wird nach dem Motto »Wer zuerst kommt …« belegt.

 Alle Parkunterkünfte besitzen **Restaurants**. Im Grand Canyon Village ist der Supermarkt mit einer Snackbar ausgestattet.

Am South Rim mit seinen vielen Aussichtspunkten entlang führt die Parkstraße Richtung **Desert View Point** am östlichen Parkausgang. Am weiteren Weg liegt die steile Schlucht des **Little Colorado** sowie nördlich von Cameron ein Teil der **Painted Desert** mit ihren vielfarbigen Geröllhügeln, die ihren Reiz vor allem am frühen Morgen und vor Sonnenuntergang entfalten.

*Lake Powell ㊷

Page (6800 Einw.; 1072 km) ist Arizonas jüngste Stadt. Sie entstand erst 1957 beim Bau des Glen Canyon-Staudammes, der den Colorado River zum Lake Powell aufstaut. Nur wenige Kilometer entfernt ist es lohnenswert, einen Abstecher in den fantastischen ***Antelope Canyon** zu machen, dessen Wände bei hoch stehender Sonne in einem märchenhaften Farbenspiel erscheinen.

Für den Boom ist in erster Linie der **Lake Powell** verantwortlich, der zweitgrößte künstliche See der USA, der zu einem beliebten Urlaubs- und Wassersportgebiet geworden ist. Wo sich heute die graugelben Klippen von Wüstenbergen im blauen Wasser spiegeln, zwängte sich vor 50 Jahren der Colorado River noch durch den wüstenhaften Glen Canyon, in den sich kaum ein Mensch vorwagte. Am südlichen Seeufer liegt in einem Seiten-

Den Lake Powell sollte man unbedingt mit dem Boot erkunden

canyon die 88 m hohe und 84 m breite **Rainbow Bridge,** einer der größten und ebenmäßigsten Naturbögen des Westens, der von den Navajo als heilig verehrt wird.

Wer ein **Haus- oder Schnellboot** auf dem Lake Powell mieten möchte, kann dies unter Tel./Fax 928/645-2433 oder im Internet unter www.lakepowell.com tun.

Supersee mit Wüstenambiente

Wer den grandiosen *Lake Powell richtig kennen lernen will, muss ihn per Boot befahren. Um den See mit seiner 3200 km langen Uferlinie verteilen sich mehrere Marinas, an denen Haus- und Schnellboote vermietet werden. Größte und am leichtesten erreichbare Uferstation ist Wahweap Marina bei Page. Hier werden spezielle Pauschaltouren wie etwa das »Explorer Package« angeboten: Man schläft eine Nacht im Motel an Land in Wahweap oder einer anderen Marina am See wie Hall's Crossing oder Bullfrog und schippert einen Tag an Bord eines Hausbootes über den See. Freizeitkapitäne brauchen weder einen Bootsführerschein noch eine sonstige Lizenz. Nach einer kurzen Einweisung in die Technik legt man ab und ist auf sein eigenes Geschick angewiesen. Der riesige See besteht aus einem wahren Labyrinth von teils menschenleeren Seitencanyons, die sich zum Anlegen eignen. Abends rücken die letzten Sonnenstrahlen die nackten orangeroten Kalk- und Sandsteinfelsen um den See in ein dramatisches Theaterlicht. Auf der tiefblauen Wasserfläche spiegeln sich die Konturen der umliegenden Wüstenberge, die einen bizarren Kontrast zu der überschwemmten Canyonlandschaft bilden. Die Navigation auf dem Gewässer wird durch bunte Bojen erleichtert, die den Weg zurück nach Wahweap kennzeichnen.

Kanab

Der Kleinstadt Kanab (3500 Einw.) sieht man heute kaum noch an, dass sie Filmgeschichte machte. 1939 drehte der Westernregisseur John Ford hier seinen ersten Streifen. Für insgesamt 92 Filme, darunter so erfolgreiche Produktionen wie die TV-Serie »Rauchende Colts«, diente die rote Sandsteinlandschaft um Kanab als Kulisse.

**Zion N. P.

In **Mount Carmel Junction** biegt die SR 9 zum berühmten Zion National Park (1300 km) ab. Der Abstecher lohnt sich, da die Landschaft zu den schönsten Naturattraktionen in Utah gehört. Im oberen Parkteil liegt die **Checkerboard Mesa,** eine versteinerte Düne mit einem seltsamen Schachbrettmuster, dem Resultat eines langen Erosionsprozesses.

⭐ Kurz vor dem Tunnel in den unteren Parkteil beginnt ein Wanderweg, der nach etwa 20 Minuten den **Canyon Overlook** mit einem fantastischen Ausblick erreicht.

Den eigentlichen Zion Canyon schuf der uralte Virgin River, der an schönen Sommertagen gemächlich durch den Nationalpark plätschert und nicht erahnen lässt, dass er bei Hochwasser äußerst gefährlich werden kann. Zu den schönsten Wanderrouten zwischen den Klippen von Zion gehört die Hiking-Tour durch die **Narrows.** An dieser Stelle rücken die Felswände zu beiden Seiten des Virgin River bis auf wenige Meter aneinander und lassen nur noch eine schmale Passage frei. Die Wanderung durch das Bachbett ist nur bei trockenem Wetter im Sommer gefahrlos möglich.

Einsamer Reiter im Bryce Canyon

**Bryce Canyon N. P.

Wenn auf einen US-Park das Prädikat »unvergleichlich« zutrifft, dann auf den Bryce Canyon N. P. (1434 km). An einem Felsabbruch ziselierten die Kräfte der Erosion über Jahrtausende eine Szenerie aus roten Felstürmen und Steinnadeln heraus, die bereits die indianischen Ureinwohner in ehrfürchtiges Staunen versetzte. »Ein verdammter Platz, um eine Kuh zu verlieren«, soll der Pionier-Rancher Ebenezer Bryce das Naturlabyrinth im 19. Jh. kommentiert haben.

⭐ Am bizarrsten sieht die Erosionslandschaft im **Amphitheater** am Parkeingang aus: Wie auf einer Open-Air-Bühne stehen hier Myriaden von Formationen, zwischen denen sich Wanderwege und Reitpfade hindurchschlängeln. An der Abbruchkante liegen Aussichtspunkte, unter denen der wie eine Felskanzel über das Amphitheater hinausreichende Bryce Point der schönste ist.

ℹ **Bryce Canyon N. P.,** Superintendent, Bryce Canyon, UT 84717, Tel. 435/834-5322; www.nps.gov/brca

Los Angeles → ***Grand Canyon N. P. → Phoenix → Los Angeles   Tour 2

Best Western Ruby's Inn, Utah Hwy. 63, Tel. 435/834-5341; www.rubysinn.com. Vor dem Eingang zum Park an einem kleinen See gelegen. Zimmer mit Kamin, teilweise mit Miniküche. ●○○
- **Bryce Canyon Lodge,** Hwy. 12, Reservierung Tel. 303/297-2757; www.nps.gov/brca/pphtml/lodging.html. In der Nähe des Parkeingangs; gemütliche Blockhütten mit Gaskamin. ●○

Campingplätze: Sunset Campground, 3 km südlich vom Park-Hauptquartier, keine Reservierung möglich.
Ruby's Inn, s. o. Schönes großes Campinggelände.

Bryce Canyon Lodge, s. o.. Akzeptable amerikanische Küche. ●○
- **Ruby's Inn,** s. o. Typisch amerikanische Speisen, gute Steaks. ●○

*Capitol Reef N. P. ㊻

Der wenig befahrene Hwy. 12 vom Bryce Canyon nach Torrey führt durch eine fast menschenleere Landschaft, die typisch für den grandiosen Südwesten der USA ist und im Capitol Reef National Park einen weiteren Höhepunkt findet. Unter den Naturreservaten des Westens spielt er eine Nebenrolle, die jedoch eher in der Abgelegenheit des Parks und nicht in seiner mangelnden Attraktivität ihre Ursache hat. Im Zentrum des Schutzgebietes liegt mit der Waterpocket Fold ein 170 km langer Gebirgszug, der vor 65 Mio. Jahren aufgeworfen wurde und durch den nur wenige Passagen führen. **Grand Wash** und **Capitol Gorge** sind zwei Schluchten, die in Ost-West-Richtung durch den aus ganz unterschiedlich farbigen Gesteinen bestehenden Höhenzug schneiden. Im Grand Wash hinterließen Pioniere, die sich im 19. Jh. in diese verlassene Gegend vorwagten, auf den Canyonwänden ihre heute noch gut erkennbaren »Graffiti«.

*Canyonlands N. P. ㊼

Hanksville (1684 km) besteht aus einer mitten im Niemandsland gelegenen Straßenkreuzung mit Restaurants, Motels und Tankstellen. Von hier aus fährt man in einem riesigen Bogen um den Canyonlands National Park und zu dessen populärstem Zugang über die SR 313 nördlich von Moab. Eine Nebenstrecke endet im **Dead Horse State Park,** einem ersten Aussichtspunkt auf die entrückte, von Schluchten und Tälern zerfurchte Mondlandschaft von Canyonlands.

Die SR 313 führt weiter in den nördlichen Teil des Nationalparks mit dem Namen **Island in the Sky,** wo der Blick vom **Grand View Point Overlook** auf das in ein Plateau gefräste Labyrinth des Monument Basin und die Canyons von Green und Colorado River reicht. Vor Jahrtausenden hinterließen archaische Jäger und Sammler im **Horseshoe Canyon** (Zugang von der SR 24 nördlich von Hanksville) Felsmalereien und -ritzzeichnungen, deren Herkunft bis heute nicht geklärt ist. Die Felskunst zeigt bis zu 3 m hohe schlanke menschliche Gestalten, Tiere sowie geheimnisvolle Symbole.

**Arches N. P. ㊽

Am Nordufer des Colorado River in Höhe des Städtchens Moab sind die Erosionskräfte in ihrem künstlerischen Schaffen zur Höchstform aufgelaufen. Der Arches National Park zeigt eine beeindruckende Ansammlung

Tour 2   Berühmte Parks im Südwesten

von Naturbögen unterschiedlicher Größe, unter denen der freistehende **Delicate Arch** als Erkennungsmerkmal des Parks viele Publikationen ziert. Eine Asphaltstraße verbindet Parkteile wie **Window Section, Garden of Eden** und **Devil's Garden,** wo Wanderpfade von unterschiedlicher Länge zu den Naturattraktionen führen.

Moab ㊾

Moab (4800 Einw.; 1857 km) profitiert seit Jahren von seiner spektakulären Umgebung und entwickelte sich zu einem Touristenzentrum mit ländlichem Flair. Zahlreiche Unternehmen organisieren Jeep-Touren in den Canyonlands N. P., Floßfahrten auf dem Colorado River und Reitausflüge.

Die Gegend um Moab bietet sich für **Mountainbike-Touren** an. Radverleih: Chile Pepper Bike Shop, 702 S. Main St., Moab, UT 84532, Tel. 435/259-4688; www.chilebikes.com; Escape Adventures, 391 S. Main St., Moab, UT 84532, Tel. 435/259-7423; www.escapeadventures.com.

Salz, Wind und Wetter

Vor 300 Mio. Jahren hinterließ ein große Teile Nordamerikas bedeckender See bei seiner Austrocknung auf der heutigen Fläche des **Arches National Park** eine 3 km mächtige Salzschicht zurück. Das darüber geschichtete Gestein begann sich über dieser instabilen Basis zu »verbiegen« und wurde schließlich durch Erosion freigelegt, sodass Wind und Wetter brüchig gewordene Stellen aushöhlen konnten.

Moab Information Center, 125 E. Center St., Moab, UT 84532, Tel. 435/259-8825; www.discovermoab.com

Big Horn Lodge, 550 S. Main St., Tel. 435/259-6171; www.moabbighorn.com. Motel mit eigenem Restaurant. ❍❍
▌ **Apache Motel,** 166 S. 400 East, Tel. 435/259-5727. Ruhig gelegen, Zimmer teilweise mit Küche. ❍

Moab Brewery, 686 S. Main St., Tel. 259-6333. Amerikanisch-italienische Küche mit Salatbuffet und Alkohollizenz. ❍❍
▌ **The Poplar Place Pub and Eatery,** 586 W. Hale Ave., Tel. 259-6018. Leckere Pizza und mexikanische Gerichte. ❍

Die SR 191 von Moab nach Süden passiert zwei weitere Zugänge zum Canyonlands N. P., von denen die SR 211 in den **Needles District** die bekanntere ist. Der Name stammt von spitzen Steinnadeln, die diese Gegend zu einer bizarren Landschaft machen.

***Mesa Verde N. P. ㊿

Cortez (2045 km) im Bundesstaat Colorado wäre eine unbekannte Gemeinde geblieben, befände sich in der Gegend nicht der viel besuchte Mesa Verde National Park. Mesa Verde ist der einzige Park in den westlichen USA, der nicht die Wunder der Natur, sondern die Kultur der Indianer zum Thema hat. Nirgendwo auf US-Boden existieren so grandiose Relikte der Anasazi-Indianer, die die steilen, unzugänglichen Canyons der Hochfläche

Delicate Arch im Arches N. P.

Tour 2 Berühmte Parks im Südwesten

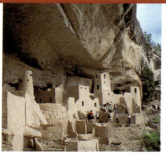

Cliff Palace Ruin im Mesa Verde N. P.

Monument Valley

bis um 1300 bevölkerten, dann aber spurlos verschwanden. Entlang der Parkstraße reihen sich indianische Behausungen, die von einfachen Erdkuhlen bis zur Klippensiedlung **Spruce Tree Ruin** oder zum fantastischen **Cliff Palace** reichen, einer ursprünglich aus über 200 einzelnen Räumen bestehenden Wohnanlage unter einer überhängenden Felswand.

Holiday Inn Express, 2121 E. Main St., Cortez, Tel. 970/ 565-6000; www.coloradoholiday.com. Mit Whirlpool und Fitnesscenter. ○○
Campingplatz: Morefield Campground, Tel. 970/ 533-7731, Fax 533-1944. An der zentralen Parkstraße im Mesa Verde N. P.

Wer die Rundreise erweitern möchte, kann über Durango nach **Santa Fe** (s. S. 78 ff.) in New Mexico fahren und dort in die Tour 3 einsteigen.

Monument Valley ㊿

Unter sämtlichen Landschaften des Südwestens ist das Monument Valley im nördlichen Arizona die bekannteste. Dafür sorgte die Zigarettenwerbung, nachdem Regisseure und Filmproduzenten aus Hollywood dieses typische Indianerland schon vor Jahrzehnten zur Westernkulisse schlechthin erklärten. Monument Valley ist eine erodierte Ebene, in welcher der Zahn der Zeit rote Steinpfeiler und zerklüftete Bergstümpfe entstehen ließ.

Canyon de Chelly ㊼

Chinle (2381 km) bildet eine unauffällige Ansammlung einfacher Häuser mit einem großen Supermarkt an der Durchgangsstraße, die mitten durch die riesige Navajo-Reservation führt. Östlich des Ortes liegt der Canyon de Chelly, eine dreifingrige Schlucht, in der amerikanische Geschichte geschrieben wurde – die traurige Geschichte der Urbevölkerung. Unter der Führung des berühmten Scouts Kit Carson brach die US-Armee dort im 19. Jh. den letzten Widerstand der Navajo-Indianer gegen die weiße Landnahme und schob sie in ein Internierungslager nach New Mexico ab, wo viele unter tragischen Umständen starben. Heute ist der malerische Canyon eine viel besuchte Touristenattraktion. Die Gäste werden zu Anasazi-Ruinen wie **White House Ruin** oder **Antelope House,** zu Felsmalereien und heute noch kultivierten Obstplantagen gefahren, die sich im Labyrinth der Riesenschlucht verstecken.

Los Angeles → ***Grand Canyon N. P. → Phoenix → Los Angeles Tour 2

Spider Rock im Canyon de Chelly

Thunderbird Lodge, direkt am Eingang zum Canyon de Chelly, Tel. 928/674-5841; www.tbirdlodge.com. Schöne Lage in einem Pappelhain; hier wohnt fast jeder, der den Canyon besucht. ○○

Versteinerte Bäume und ein Riesenkrater

Im ****Petrified Forest National Park** (2580 km; www.nps.gov/pefo) findet man Sehenswürdigkeiten, die über 200 Mio. Jahre alt sind: versteinerte Baumstämme, die vor Urzeiten umstürzten und im Fluss-Schlamm luftdicht beerdigt wurden. Mit Argusaugen wachen die Parkranger über die Schätze, um die strikt verbotene Sammelleidenschaft zu unterbinden.

Der **Meteor Crater** (2726 km; www.meteorcrater.com) entstand vor etwa 40 000 Jahren durch einen Meteoriteneinschlag, der eine riesige Narbe in der Erdoberfläche entstehen ließ. Hier bereiteten sich die Apollo-Astronauten Ende der 1960er auf ihre Mondlandung vor. Eine Ausstellung im **Visitor Center** erinnert daran.

Flagstaff

Auf den ersten Blick wirkt der Ort (53 000 Einw.; 2777 km) wie eine Ansammlung von Hotels und Motels. Vielen Grand Canyon-Besuchern dienen sie als Ausweichquartiere.

Die bekanntesten Sehenswürdigkeiten, abgesehen vom **Museum of Northern Arizona** (Fort Valley Rd.; www.musnaz.org) mit seinen anthropologischen Exponaten, liegen außerhalb der Stadt.

Im ***Walnut Canyon N. M.** (Walnut Canyon Rd.; www.nps.gov/waca) sind über 300 Ruinen erhalten, die im 12. und 13. Jh. von Sinagua-Indianern bewohnt waren. Im **Sunset Crater Volcano N. M.** (www.nps.gov/sucr) zeugen Lava und Aschelandschaften von den Eruptionen des Sunset Crater-Vulkans, die 1065 begannen und in den folgenden 200 Jahren die ganze Region in Vulkanasche versinken ließen.

Flagstaff Convention & Visitors Bureau, 1 E. Route 66, Flagstaff, AZ 86001, Tel. 928/774-9541; www.flagstaffarizona.org

Embassy Suites Hotel, 706 S. Milton Rd., Tel. 928/774-4333; www.embassysuites.com. Schöne Suiten, ausgestattet mit Mikrowelle und Kühlschrank. ○○○
■ **Econo Lodge,** 2480 E. Lucky Lane, Tel. 928/774-7701; www.econolodgeflagstaff.com. Wohnliches Motel mit sauberen Zimmern. ○○

Granny's Closet, 218 N. Sitgreaves St., Tel. 774-8331. Freundlicher Service und gutes Essen. ○○
■ **Macy's,** 14 S. Beaver St., Tel. 774-2243. Dinner tgl. bis 19 Uhr. ○

Karte Seite 74

Tour 2 Berühmte Parks im Südwesten

Sedona und Prescott

Die schnellste Verbindung von Flagstaff nach Phoenix ist die I-17. Interessanter ist aber die Route durch den Oak Creek Canyon, ein in die Künstlerhochburg *Sedona ❺❻ führendes Flusstal. Von roten Sandsteinbergen umrahmt, war sie in den 1950er Jahren Kulisse zahlreicher Westernfilme. Der Nachbarort **Cottonwood** liegt im schönen Verde Valley, dessen Umgebung die Indianer schon vor Jahrhunderten zu schätzen wussten. 3 km außerhalb der Stadt zeugen im **Tuzigoot National Monument** einige Ruinen von der Kultur der Sinagua-Indianer, die dort zwischen 1000 und 1450 lebten.

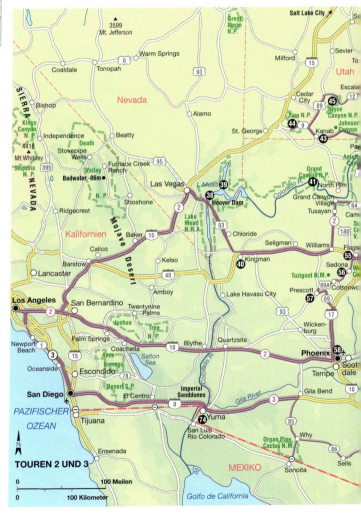

Los Angeles → ***Grand Canyon N. P. → Phoenix → Los Angeles   Tour 2

Prescott ⑰ (23 500 Einw.; 2923 km) präsentiert sich als typisches Westernstädtchen, v. a. an den Frontier Days, die zusammen mit dem Unabhängigkeitstag (4. Juli) gefeiert werden. Von nah und fern kommen Schaulustige zu den Rodeos und Paraden, mit denen Prescott seinem Image als Cowboykapitale gerecht wird.

Phoenix ㊿

Phoenix (1,32 Mio. Einw.; 3017 km), seit 1889 Hauptstadt von Arizona, hat sich in den vergangenen Jahren einen Ruf als eine der am schnellsten wachsenden Metropolen Amerikas erworben. Im Ballungsraum **Valley of the Sun** gelegen, zählt es zu den heißes-

2 Karte Seite 74

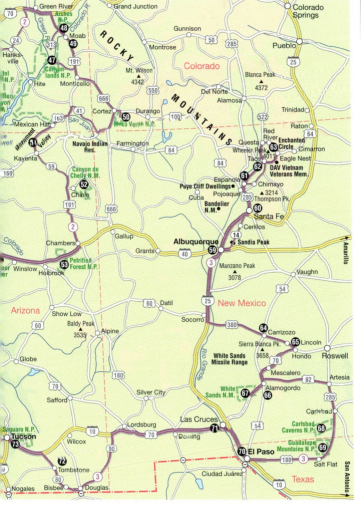

ten Großstädten des Landes mit Sommertemperaturen, die regelmäßig auf über 40 °C ansteigen. Im Winter werden die Einwohner mit frühlingshaften 18 °C entschädigt, wodurch die Stadt zu einem beliebten Ziel der *Snowbirds* wird, wie die Winterflüchtlinge aus dem kalten Amerika genannt werden.

Nachdem das **State Capitol** von 1900 den Parlamentariern zu klein wurde, zog dort das **Arizona State Capitol Museum** (W. Washington St./17th Ave.) mit Exponaten zur Geschichte des Staates Arizona ein. Bekannter sind die Ausstellungen zur Kultur der Indianer im ***Heard Museum** (22 E. Monte Vista Rd.) und die über 600 Jahre alten Ruinen einer Siedlung der Hohokam-Indianer, die im **Pueblo Grande Museum** (4619 E. Washington St.) zu sehen sind. Einen modernen Kontrast dazu bildet das **Arizona Science Center** (600 E. Washington St., Tel. 602/716-2000; www.azscience.org) mit über 300 interaktiven Exponaten, einem Kino mit Großleinwand und einem Planetarium. Das **Phoenix Art Center** (1625 N. Central Ave., Tel. 602/257-1880; www. phxart.org) wird seinem Namen als größtes Kunstmuseum des Südwestens mit über 17 000 Kunstwerken aus fast allen Epochen und Erdteilen gerecht.

 Phoenix & Valley of the Sun Convention & Visitors Bureau, 400 E. Van Buren St., Suite 600, Phoenix, AZ 85004, Tel. 602/254-6500; www.phoenixcvb.com
■ **Arizona Office of Tourism,** 1110 W. Washington St., Suite 155, Phoenix, AZ 85007, Tel. 1-866/275-5816; www.arizonaguide.com (zuständig für ganz Arizona)

Flughafen: Sky Harbor International Airport, 7 km südöstlich vom Stadtzentrum.
Bahnhof: Phoenix ist per Eisenbahn nicht erreichbar.

Wasserschlacht in der Wüste

Im trockenen Südwesten ist Wasser ein heiß umkämpftes, lebensnotwendiges Gut. Der Ballungsraum Los Angeles etwa mit seinen knapp 15 Mio. Menschen liegt in einer Region, in der nur 2 % der jährlichen Niederschläge Kaliforniens fallen, in der aber rund 50 % der Landesbevölkerung leben. Das bewog schon um die Wende zum 20. Jh. das Wasserwirtschaftsamt von Los Angeles, das kostbare Nass aus anderen Gegenden zu importieren: Der Owens Lake wurde zwischen 1913 und 1926 von der Stadtbevölkerung im wahrsten Sinne des Wortes geleert.

Ein ähnliches Schicksal drohte dem Mono Lake, bevor eine Bürgerinitiative Maßnahmen zur Rettung des faszinierenden Sees durchsetzte.

Mit dem Colorado River sieht es nicht viel besser aus. Bei Yuma unweit seiner Mündung in den Golf von Kalifornien ist der Fluss nur mehr ein kümmerliches Rinnsal, weil sein Oberlauf an vielen Stellen angezapft wird und sein Wasser nicht nur in landwirtschaftliche Kulturen, sondern auch in die Glücksspielhochburg Las Vegas, in die Swimmingpools des entfernten Phoenix und bis an die Pazifikküste abgeleitet wird.

Albuquerque → **Santa Fe → El Paso → *Tucson → Los Angeles   Tour 3

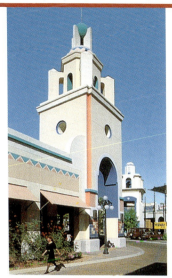

Phoenix ist ein beliebtes Urlaubsziel

Busbahnhof: Greyhound-Terminal, 2115 E. Buckeye Rd., Tel. 602/389-4204.

Hyatt Regency, Second/ Adams Sts., Tel. 602/252-1234; www.phoenix.hyatt.com. Luxushotel mit gepflegter Atmosphäre, viele Zimmer mit Balkon. ○○○
■ **Bell Best Western,** 17211 N. Black Canyon Hwy., Tel. 602/993-8300, www.bestwestern.com. Preiswertes und sauberes Motel, nur einige Minuten vom Stadtzentrum entfernt. ○

Comedor Guadalajara, 1830 S. Central Ave., Tel. 253-8299. Mexikanische Küche. ○○–○○○
■ **Durant's,** 2611 N. Central Ave., Tel. 264-5967. Steakhouse im Stil der 1950er Jahre. ○○

Schnurgerade verläuft die I-10 durch das wüstenhafte Land über Blythe (3247 km) bis Los Angeles (3607 km, s. S. 38 ff.).

Tour 3

Spurensuche im Wilden Westen

Albuquerque → **Santa Fe → **Taos → **Carlsbad Caverns N. P. → El Paso → *Tucson → Los Angeles (3041 km)

Santa Fe, El Paso, Tombstone, Yuma – für Westernfans sind das reizvolle Erinnerungshilfen an die Ära der »Blauen Bohnen«. Damals, in der zweiten Hälfte des 19. Jhs., hatten Desperados wie Billy the Kid oder Doc Holliday und Gesetzeshüter wie Wyatt Earp oder Pat Garrett im ungezähmten Südwesten Amerikas das Sagen. Die Zeit des Wilden Westens lediglich als dramatische Filmvorlage abzutun, hieße die authentische Pioniergeschichte von New Mexico und Arizona um eine wichtige Phase zu schmälern. Zwar ist über die damaligen Gräber längst Gras gewachsen und die moderne Zeit hat die Pueblos am Rio Grande ebenso verändert wie die ehemaligen Jagdgründe der Mescaleros. Aber die Vergangenheit ist vielerorts lebendig geblieben – nicht nur in den rauchgeschwängerten Saloons von damals, in denen sich heute neugierige Touristen aus aller Welt den Straßenstaub aus der Kehle spülen. Für diese Tour sollten zwei Wochen veranschlagt werden.

3 Karte Seite 75

Albuquerque

Die größte Stadt (448 000 Einw.) von New Mexico ist ein günstiger Ausgangspunkt für eine Tour durch New Mexico und Arizona an die südkalifornische Küste. **Old Town** um die Kirche **San Felipe de Neri** bildet den historischen Kern der Stadt, die 1706 am Ostufer des Rio Grande von den Spaniern gegründet wurde. In diesem touristischen Geviert konzentrieren sich heute Souvenir- und Schmuckläden, Galerien und Restaurants. Doch Old Town hat mit typischen Bauten im Adobe-Stil (s. S. 50), verwinkelten Höfen und winzigen Balkonen noch viel von seinem traditionellen Charme behalten.

Im Zentrum kommt auch Albuquerque nicht ohne moderne Hochbauten aus, die die alte Architektur bis auf wenige Ausnahmen verdrängten. An der langen **Central Avenue**, die früher Teil der historischen Route 66 war, reihen sich kilometerlang Läden, Supermärkte, Motels und Restaurants aneinander.

Im von Indianern geführten **Indian Pueblo Cultural Center** (2401 12th St. N.W.) zeigen Ausstellungen die Kultur und das Kunstgewerbe der 19 in New Mexico bestehenden Indianer-Pueblos. Einen Besuch wert ist auch das **New Mexico Museum of Natural History and Science** (1801 Mountain Rd.) mit seinen lebensnahen Modellen von Sauriern, naturgeschichtlichen Exponaten und einer nachgebauten Eishöhle.

Albuquerque Convention & Visitors Bureau,
20 First Plaza Center, Second/Copper Sts., Albuquerque, NM 87102, Tel. 505/842-9918; www.abqcvb.org

Flughafen: Albuquerque International Sunport,
8 km südöstlich. Mit dem Sunport Shuttle (Tel. 505/883-4966) fährt man bequem in die Stadt.
Bahnhof: Amtrak-Station, 214 1st St. S.W., Tel. 800/872-7245.

Busbahnhof: Greyhound-Station, 300 2nd St. S.W., Tel. 505/247-0246.

Amberley Suite Hotel,
7620 Pan American Frwy. N.E., Tel. 505/823-1300; http://amberley-suites-hotel.fazzle.com. Ideal für Familien: Suiten mit Mikrowelle und Kühlschrank. ❍❍❍
▪ **Casa de Suenos,** 310 Rio Grande Blvd. S.W., Tel. 505/247-4560; www.casasdesuenos.com. Hübsches B&B mit Gourmet-Frühstück. ❍❍
▪ **Comfort Inn East,** 13031 Central Ave. N.E., Tel. 505/294-1800; www.comfortinn.com. Angenehmes Kettenhotel, ein warmes Frühstück ist im Preis inbegriffen. ❍
Campingplatz: KOA Kampgrounds, 12400 Skyline Rd. N.E., Tel. 505/296-2729. Gut ausgestatteter Privatplatz.

Artichoke Café, 424 Central Ave. S.E., Tel. 243-0200, So Ruhetag. Schickes Lokal für jungdynamisches Publikum. ❍❍–❍❍❍
▪ **Stuart Anderson's Black Angus Restaurant,** 2290 Wyoming St. N.E., Tel. 292-1911. Hervorragende Steaks vom Angusrind. ❍❍
▪ **Shoney's Restaurant,** 6810 Menaul Blvd. N.E., Tel. 883-0040. Preiswertes Familienrestaurant. ❍

Santa Fe

New Mexicos fast provinziell wirkende Hauptstadt (62 000 Einw.; 98 km) umgibt sich mit einem exotischen Flair, das jedoch erst im Stadtkern zu erkennen ist. Schon vor Jahrzehnten erlassene Baugesetze sorgen dafür, dass die einfallslose kleinstädtische Zweckarchitektur, wie sie in vielen US-Städten zu sehen ist, aus dem historischen Zentrum um die Plaza verbannt blieb. Hier dominiert die Adobe-Bau-

Acoma Pueblo: Die Siedlung besteht aus uralten Stein- und Lehmziegelbauten

Beim traditionellen Maistanz

weise im spanisch-indianischen Stil mit runden Ecken und hübschen Dachgärten, wenngleich das Baumaterial nicht mehr aus einem Gemisch von Lehm, Stroh und Wasser, sondern aus modernen Baustoffen besteht.

Zu den auffälligsten Bauten im alten Adobe-Stil gehört der **Palace of the Governors** (Palace Ave.) von 1610. Davor verkaufen tagtäglich Indianer ihren Schmuck und andere kunstgewerbliche Arbeiten. Ein anderes Adobe-Gebäude ist das benachbarte **Museum of Fine Arts** (Lincoln Ave.), das sich mit seinen Ausstellungen auf die Kunst des Südwestens konzentriert. Zu den populärsten Kulturtempeln der Stadt zählt das **Georgia O'Keeffe Museum** (217 Johnson St., Tel. 505/946-1000; www.okeeffemuseum.org) mit den Arbeiten renommierter Künstler des 20. Jh. Santa Fe hängt seit langem der Nimbus einer Künstlerkolonie an. Am deutlichsten wird dies in der **Canyon Road,** wo sich viele Werkstätten, Ateliers und Galerien befinden.

i Santa Fe Convention and Visitors Bureau,
201 W. Marcy St., Santa Fe, NM 87501, Tel. 505/955-6200; www.santafe.org

New Mexicos Pueblo-Indianer

Auf dem Boden des Bundesstaates New Mexico existieren heute 19 selbst verwaltete, unterschiedlich große Indianer-Pueblos. **Laguna** mit 5200 und **Acoma** mit 3700 Einwohnern sind die größten, während in **Nambé** und **Pojoaque** jeweils nur etwa 120 Menschen leben. Die meisten dieser Dörfer (span. *pueblos*) liegen im Tal des Rio Grande und pflegen ihre traditionellen Bräuche und religiösen Zeremonien wie Tänze, Paraden und Spiele, bei denen nicht indianische Besucher höchstens geduldet werden. Viele Pueblo-Einwohner nahmen schon vor Generationen das Christentum an, sind aber dennoch wie eh und je ureigenen Glaubensvorstellungen verbunden. Wer ein Pueblo besucht, sollte sich unbedingt an die meist am Ortseingang auf Tafeln angebrachten Vorschriften halten. Häufig herrscht Fotografierverbot.

Tour 3 Spurensuche im Wilden Westen

🏠 **La Fonda,** 100 E. San Francisco St., Tel. 505/982-5511; www.lafondasantafe.com. Historisches Hotel im Herzen von Santa Fe, wo einst die Trails von Ost nach West endeten. ●●●
▪ **La Quinta Inn,** 4298 Cerrillos Ave., Tel. 505/471-1142; www.lq.com. Freundliche Motelanlage mit wohnlichen Zimmern. ●●
▪ An der Cerillos Road liegen einige preiswerte **Motels.**
Campingplatz: Santa Fe KOA, 125 N. Santa Fe St., Tel. 505/466-1419. Der Platz liegt 17 km außerhalb im bewaldeten Apache Canyon.

🍴 **Pink Adobe,** 406 Old Santa Fe Trail, Tel. 983-7712. Beliebt, nicht unbedingt wegen des Essens, sondern wegen der idyllischen Lage. ●●●
▪ **Maria's New Mexican Kitchen,** 555 W. Cordova Rd., Tel. 983-7929. Seit Jahren eines der besten Restaurants für mexikanische Gerichte. ●
▪ **Tomasita's,** 500 S. Guadalupe, Tel. 983-5721. Konkurriert mit seinen *Blue Corn Tortillas* mit Maria's Kitchen um den höheren Rang. ●

Rund um Espanola ㉛

Espanola (8400 Einw.; 135 km) ist Ausgangspunkt für einige lohnende Abstecher in die indianische Vergangenheit und Gegenwart der Region. Das betrifft die über 600 Jahre alten **Puye Cliff Dwellings** und die etwa aus derselben Zeit stammenden Anasazi-Wohnanlagen im ***Bandelier National Monument** südwestlich der Stadt. Dort hausten die Bewohner in nur über Leitern erreichbaren Höhlen. Ebenfalls in der Umgebung von Espanola liegen noch bewohnte Pueblos wie **Pojoaque, Nambé, San Ildefonso** und **San Juan,** wo heute die Indianer ein teils sehr abgeschiedenes Dasein fristen (s. S. 79).

Im Bandelier National Monument

**Taos ㉒

Taos (4100 Einw.; 190 km) sieht mit seinen Adobe-Gebäuden um die zentrale Plaza aus wie eine Miniaturausgabe von Santa Fe. Zu den schönsten Bauten im Ort gehört das **Nicolai Fechin House** (227 Paseo del Pueblo Norte). Der russische Künstler, nach dem das Anwesen benannt ist, floh 1923 in die USA und kam vier Jahre später nach Taos, um dort eine Lungenerkrankung auszuheilen. Ein zweiter Künstler war der Maler Ernest L. Blumenschein, der in Taos eine Künstlerkolonie gründete und dessen Werke im **Ernest L. Blumenschein Home** (Ledoux St.) zu sehen sind.

🎁 Der bekannte Navajo-Maler R. C. Gorman betreibt in Taos (210 Ledoux St., Tel. 505/758-3250) die **Navajo Gallery,** in der er seine Kunstwerke verkauft.

Albuquerque → **Santa Fe** → El Paso → *Tucson → Los Angeles   Tour 3

Im Taos Pueblo

Die meisten Taos-Besucher wollen das malerische **Taos Pueblo** sehen (UNESCO Weltkulturerb). Das seit über 700 Jahren ständig bewohnte Indianerdorf besteht aus verschachtelten, mehrstöckigen Adobe-Bauten mit bunten Fenstern und Türen. Am Eingang zum Pueblo steht die Missionskirche San Geronimo von 1847 (tgl. 8–16.30 Uhr, außer an speziellen Feiertagem; www.taospueblo.com). Das **Taos Mountain Casino** (http://taosmountaincasino.com) ist eine wichtige Einnahmequelle der Indianer.

Enchanted Circle

Von Taos aus führt die 136 km lange Rundtour Enchanted Circle über Questa, den Wintersportort Red River und Eagle Nest durch die **Sangre de Cristo Mountains** mit dem höchsten Gipfel New Mexicos, dem 4011 m hohen Wheeler Peak. Bis ins Frühjahr hinein sprenkeln Schneeflecken die schöne Berglandschaft mit ihren abgerundeten Gipfeln und breiten, bewaldeten Tälern. Das Dorf **Eagle Nest** im Morena Valley sieht mit seinen wettergegerbten Holzhäusern um den Eagle Nest Lake aus, als sei es von der Geschichte vergessen worden. Ein Stück weiter südlich hält das **DAV Vietnam Veterans Memorial** die Erinnerung an die in Südostasien gefallenen GIs wach. Nicht weit davon entfernt etablierte sich **Angel Fire** als beliebter Wintersportort und Sommer-Ferienresort mit 18-Loch-Golfplatz, Tennisplätzen und anderen Sportanlagen.

Urlaub bei den Apachen

Im Süden und Westen von Ruidoso erstreckt sich die 1870 km² große **Mescalero Apache Indian Reservation** um die Sierra Blanca Mountains, an deren Hängen die Mescalero-Apachen seit Jahren ein viel besuchtes Skigebiet betreiben. Diese Gruppe von Native Americans, die als letzte im ausgehenden 19. Jh. die Waffen gegen die US-Armee niederlegten, baute mit dem **Inn of the Mountain Gods** (an der Carrizozo Canyon Rd. südlich von Sudderth, P. O. Box 269, Mescalero, NM 88340, Tel. 505/464-5141; www.innofthemountaingods.com; ○○○) eines der schönsten Resort-Hotels im südlichen New Mexico. An einem See gelegen, bietet die luxuriöse Anlage fast alle erdenklichen sportlichen Freizeitbeschäftigungen. Nach Umbau und Erweiterung durch ein Kasino wurde das Resort im April 2005 neu eröffnet.

Tour 3 Spurensuche im Wilden Westen

Über die High Road

Für die Rückfahrt von Taos nach Albuquerque bietet sich eine alternative Route an. In **Ranchos de Taos,** wo eine der schönsten Adobe-Kirchen des Landes steht, beginnt die High Road durch das Bergland, die über den Wallfahrtsort *Chimayo mit einer kleinen Wallfahrtskapelle nach Espanola führt.

Südlich von Santa Fe stellt mit dem Turquoise Trail (SR 14) eine malerische Nebenstrecke die Verbindung nach Albuquerque her. In Dörfern wie **Cerrillos** und **Golden** scheint die Zeit stehen geblieben zu sein. Ein Abstecher führt vom »Pfad der Türkise« zur Bergstation der **Sandia Peak Ski & Tramway** auf 3255 m hinauf, von wo der Blick über Albuquerque (550 km) und das Rio-Grande-Tal reicht.

Carrizozo und Lincoln

Die verschlafene Gegend um **Carrizozo** ❽ südöstlich von Albuquerque machte vor über 50 Jahren Weltgeschichte. An der Trinity Site in der White Sands Missile Range erinnert ein pyramidenförmiges Denkmal aus schwarzem Lavagestein an die erste Explosion einer Atombombe am 16. Juli 1945, mit der die Tür zu einem neuen Zeitalter der Kriegsführung aufgestoßen wurde.

In einem lokalen Krieg um Macht und Geld gewann **Lincoln** ❺ im Jahre 1878 an Bedeutung, weil darin einer der berüchtigtsten Desperados des Westens verstrickt war: Billy the Kid. Er wurde in Lincoln wegen mehrerer Morde zum Tode verurteilt, konnte aber fliehen. Sheriff Pat Garrett kam ihm in Fort Sumner auf die Spur und erschoss ihn am 14. Juli 1881. Mehrere Gebäude von damals, darunter das Gerichtsgebäude, in dem Billy einsaß, sind im Stil des 19. Jhs. renoviert.

🏠 **Casa de Patrón,** P. O. Box 27, Lincoln, Tel. 505/653-4676; www.casapatron.com. Freundliches B&B. ○○

Alamogordo ❻

Der Ort (35 000 Einw.; 980 km) entstand gegen Ende des 19. Jhs. als Eisenbahnstation, doch mit Einrichtung der **Holloman Air Force Base** begann ein neuer Zeitabschnitt. Seit Jahrzehnten spielt die Basis in der Raumfahrt eine führende Rolle. Der würfelförmige, im Freien von Raketen umgebene Glaskomplex des **New Mexico Museum of Space History** ist mit Planetarium und IMAX-Kino ausgestattet und zeigt Exponate auf vier Etagen (www.spacefame.org).

🏠 **Best Western Desert Air Hotel,** 1021 S. White Sands Blvd., Tel. 505/437-2110; www.bestwestern.com. Nach dem Besuch von White Sands kann man sich im Hotel-Pool den Staub abspülen. ○○

▎**All American Inn,** 508 S. White Sands Blvd., Tel. 505/437-1850. Für Reisende, denen ein sauberes Bett und eine Dusche genügen. ○

*White Sands ❼

Nur eine Viertelstunde südwestlich von Alamogordo breitet sich mit dem **White Sands National Monument** (www.nps.gov/whsa) an der SR 70 eine der seltsamsten Landschaften Amerikas aus – die größte Gipswüste der Erde. White Sands ist ein entrückter Flecken Natur mit vom Wind geriffelten Dünen, die sich bis zu 20 m hoch auftürmen und aussehen wie ein Schlaraffenland aus Puderzuckerbergen. Nur hie und da bildet eine Yucca-Palme einen grünen Punkt im strahlenden Weiß, das sich im wüstenhaften Tularosa Basin zwischen den Bergketten der Sacramento und San Andres Mountains erstreckt. Über lange Zeiträume wuschen Niederschläge Gips aus diesen Gebirgen ins Tal, wo das Erosionsmaterial vom Wind in winzige Gipskörnchen zerbröselt wurde. Dieser Prozess der Dünenbildung hält heute noch an und sorgt dafür, dass sich die Gestalt der weißen Wüste ständig ändert. Eine 26 km lange Straße, an der zahlreiche schattige Picknickstellen liegen, führt durch die Gipswüste.

**Carlsbad Caverns ⓺

Vom Tularosa Basin steigt die SR 82 in die Sommerfrische der Sacramento Mountains hinauf und führt weiter zum **Carlsbad Caverns National Park** (1252 km; www.nps.gov/cave), einem der grandiosesten Höhlensysteme Amerikas. Per Aufzug oder über den natürlichen Höhleneingang gelangen Besucher in die 230 m unter der Erdoberfläche liegende Märchenwelt. Prachtstück ist der Big Room, eine der größten Höhlenhallen der Welt. Der Palast ist 549 m lang, 334 m breit und knapp 80 m hoch. Seine Innenausstattung könnte prächtiger nicht sein. Dezent beleuchtete Wege führen an gigantischen Tropfsteinformationen

Der Riese mit Stetson und Cowboystiefeln

Östlicher Nachbar von New Mexico ist der Superstaat Texas, der mit seinen 692 400 km² flächenmäßig nur von Alaska übertroffen wird. Ins gängige Bild von staubigen, vor Hitze flimmernden Ebenen passt am ehesten der westliche und nordwestliche Teil des Landes. Einen Eindruck von dieser Landschaft verschafft schon die Fahrt von Carlsbad nach El Paso.

Aber West-Texas wartet auch mit Naturattraktionen ersten Ranges auf, wie etwa dem 3245 km² großen **Big Bend National Park** (www.nps.gov/bibe), den nur der mächtige Rio Grande vom benachbarten Mexiko trennt. Im Zentrum des Naturreservats liegen die Chisos Mountains, durch die zahlreiche Wanderwege führen. Einer Indianer-Legende zufolge hatte der große Manitou nach der Erschaffung der Erde noch Felsen übrig, die er an dieser Stelle aufhäufte.

Im Süden der Stadt Amarillo zieht der **Palo Duro Canyon State Park** (www.paloducanyon.com) viele Besucher an. Die 200 km lange und bis zu 350 m tiefe Schlucht legt Millionen Jahre alte Gesteinsschichten offen und blättert auf diese Weise das Buch der Erdgeschichte um einige Kapitel zurück.

Eine Sehenswürdigkeit ganz anderer Art ist die **Cadillac Ranch** westlich von Amarillo. An der historischen Route 66, die inzwischen von der I-40 verdrängt wurde, ließ ein exzentrischer, der Pop-Art zugetaner Texaner zehn inzwischen über und über mit Graffiti bedeckte Cadillacs der Baujahre 1949 bis 1963 mit dem Kühler voraus in den Boden stecken.

vorbei, die sich über Jahrmillionen herausbildeten. Am natürlichen Höhleneingang ließ die Parkverwaltung ein kleines Amphitheater erbauen: Hier können Besucher im Sommer jeden Abend den Ausflug von etwa 300 000 Fledermäusen beobachten, die sich auf Nahrungssuche begeben. Die kühlere Jahreszeit verbringen die Fledermäuse in Mexiko (Ende Mai bis Anfang Sept. tgl. 8–18, sonst bis 17.30 Uhr).

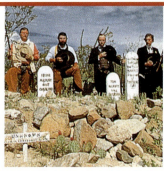

Boothill Graveyard in Tombstone: letzte Ruhestätte vieler Westernlegenden

*Guadalupe Mountains ⓩ

Der **Guadalupe Mountains National Park** (www.nps.gov/gumo), bereits auf texanischem Gebiet, schließt sich südlich an die Carlsbad Caverns an. Der höchste Gipfel dieser abgelegenen Bergwelt ist der 2678 m hohe **Guadalupe Peak.** Bei dem über die Wüstenregion hinausragenden Gebirgszug handelt es sich um ein Riff, das vor etwa 250 Mio. Jahren auf dem Boden eines urzeitlichen Meeres entstand. Später angehoben, erodierte der Kalkklotz und nahm seine heutige Gestalt mit tiefen Schluchten, schattigen Wäldern und einigen Flüssen an.

El Paso ⓩ

El Paso (563 000 Einw.; 1486 km), die berühmt-berüchtigte Grenzstadt am Rio Grande, ist nur einen Katzensprung von der pulsierenden mexikanischen Metropole **Ciudad Juarez** entfernt und profitiert nicht unerheblich vom Flair des Nachbarstaates. So ist auch nicht verwunderlich, dass die größte Attraktion dieser Stadt der Spaziergang über die Grenze ins brodelnde Ciudad Juarez mit seinen bunten Märkten und lebhaften Straßenszenen ist.

Las Cruces ⓩ

Las Cruces (74 000 Einw.; 1557 km) ist zwar Universitätsstadt, hat sich aber ein provinzielles Flair erhalten. Im Umland liegen große Milchfarmen und Anbauflächen für Viehfutter, die vom Rio Grande bewässert werden. Im Vorort **Mesilla** hat sich um die zentrale Plaza die spanisch-mexikanische Tradition ein Refugium geschaffen – für Besucher Grund genug, dem hübschen Flecken mit seinen zahlreichen Läden und Restaurants einen Besuch abzustatten.

 Las Cruces Hilton, 705 S. Telshor Ave., Tel. 505/ 522-4300; www.hilton.com. Freundliche Zimmer mit modernem Mobiliar. ○○○

 La Posta, an der Plaza im Vorort Mesilla, Tel. 505/524-3524, Mo Ruhetag. Historisches Restaurant mit ausgezeichneter mexikanischer Küche. ○○

Tombstone ⓩ

Über Deming und Lordsburg erreicht man das Staatsgebiet von Arizona, wo die Route über die Grenz- und Berg-

Albuquerque → **Santa Fe → El Paso → *Tucson → Los Angeles   Tour 3

In den Old Tucson Studios wurden viele Westernfilme gedreht

Saguaro-Kaktus

bauorte Douglas und Bisbee ins legendäre Tombstone führt, eine Stadt, die »zu stark ist, um zu sterben«. So jedenfalls lautet der lokale Werbeslogan, der alljährlich Tausende von Touristen in die im Westernstil belassenen Straßen lockt. Im Sommer werden jedes Wochenende legendäre Verbrechen wie Doc Holliday und die Earp-Brüder zum Leben erweckt, um bei fingierten Schießereien die richtige Atmosphäre aufkommen zu lassen. Viele Gräber auf dem **Boothill Graveyard** demonstrieren etwa mit dem Spruch »Hanged by mistake«, dass die Ära nicht zu Unrecht als Wilder Westen in die Geschichte einging.

*Tucson ⓱

Die einzige Großstadt (507 000 Einw.; 2143 km) im Süden Arizonas ist eine urbane Insel inmitten eines Meeres aus Kakteen. Vom **Sentinel Peak** am westlichen Stadtrand hat man einen wunderbaren Blick über die gesamte Stadt, in deren Zentrum neben modernen Bauten auch ältere Häuser mit schönen Fassaden überlebten. Das mitreißendste Bauwerk, die **Mission San Xavier del Bac** (15 km südlich, Exit 92 von der I-19), wurde 1783–1797 im spanischen Missionsstil errichtet.

Die **Old Tucson Studios** (20 km westlich am Speedway Blvd.; www.oldtucson.com) sind eine ehemalige Filmstadt, in deren Wildwest-Ambiente viele Cowboy- und Indianerstreifen gedreht wurden. Nicht weit entfernt bildet das ****Arizona-Sonora Desert Museum** (2021 N. Kinney Rd.; www.desertmuseum.org) eine sehenswerte Mischung zwischen Zoo und Museum. Um das Gelände dehnt sich der Tucson Mountain Park mit seinen wunderschönen Beständen an Saguaro-Kakteen aus.

Kakteenlandschaft

Im Westen von Tucson dehnt sich bis zur kalifornischen Grenze eine fast menschenleere Kakteenlandschaft aus, in der im Mai die stachligen »Armleuchter« ihre weißen Blüten aufsetzen. Zu den Höhepunkten dieser Gegend gehört das **Organ Pipe Cactus National Monument** (www.nps.gov/orpi) mit unterschiedlichen Kakteenarten und einer Vegetation, wie sie für die heiße Sonorawüste typisch ist.

Tour 3 Spurensuche im Wilden Westen

ℹ Metropolitan Tucson Convention & Visitors Bureau, 100 S. Church Ave., Tucson, AZ 85701, Tel. 520/624-1817; www.visittucson.org

🏠 **Arizona Inn,** 2200 Elm St., Tel. 520/325-1541; www.arizonainn.com. Schönes Adobe-Gebäude in parkähnlicher Umgebung. ○○○
▪ **Tanque Verde Guest Ranch,** 14301 E. Speedway Blvd., Tel. 520/296-6275; www.tvgr.com. In einer Kakteenlandschaft gelegene Gäste-Ranch mit Westernatmosphäre (s. S. 26). ○○○
▪ **El Presidio Inn,** 297 N. Main Ave., Tel. 520/623-6151. Historische Bed & Breakfast-Unterkunft mit schönem Garten. ○○

🍴 **Bliss Cafe,** University/Euclid Aves., Tel. 623-1711. Amerikanische Küche. ○○
▪ **Pastiche,** 3025 N. Campbell Ave., Tel. 325-3333. Bistro mit raffinierten Kreationen. ○–○○

Zurück über Yuma ⓬

Yuma (77 000 Einw.; 2569 km) liegt am Colorado River, der dort wegen der massiven Wasserentnahmen an seinem Oberlauf fast verdurstet. Als Rinnsal fließt er am **Territorial Prison** vorbei, in dem bis 1909 Desperados und Revolverhelden, Pferdediebe und Betrüger in der Hitze schmachteten und heute ein historisches Museum eingerichtet ist.

Jenseits der kalifornischen Grenze beginnen die **Imperial Sanddunes.** An der mexikanischen Grenze entlang verläuft die I-8 durch das Imperial Valley nach San Diego (s. S. 53 ff.) und an der Pazifikküste entlang nach Los Angeles (s. S. 38 ff.; 3041 km).

Tour 4

Wogen, Wälder, wilde Weiten

San Francisco → *Redwood N. P. → **Crater Lake N. P. → Astoria → **Seattle (2031 km)

Durch viktorianische Dörfer und an steilen Klippen entlang schlängelt sich der berühmte Pacific Coast Highway von San Francisco nach Norden. Wälder aus Mammutbäumen säumen die Route, die sich morgens in dichtem Nebel versteckt. Dennoch verdient sie mit jeder Meile und mit jeder Serpentine den Beinamen »Traumstraße Amerikas«. Auf schmalen Sandbänken aalen sich Seelöwen in der Sonne. Die Brandung bricht sich an schwarzen Felsen, die wie angeschwemmte Monster die Sandstrände säumen. Abstecher von der Küste führen in die vulkanischen Gebirge hinauf, deren höchste Gipfel mit vereisten Häuptern aus den Wolken blicken. Die Tour von der Bay-Metropole nach Seattle nimmt etwa zehn Tage in Anspruch.

Auf dem Highway One Richtung Norden

Die kalifornische Küstenstraße Hwy. 1 schwingt sich auf der Golden Gate Bridge über die Bucht von San Francisco (s. S. 32 ff.). Für einen ersten Halt in der prächtigen Naturlandschaft bietet sich das ***Muir Woods National Monument** an, ein Schutzgebiet für die letzten Bestände von Redwood-Bäumen in der Umgebung von San Francisco.

San Francisco → **Crater Lake N. P. → Astoria → **Seattle Tour 4

Point Reyes National Seashore 🅖 bildet einen auf drei Seiten vom Meer umgebenen Landzipfel. Kiefernwälder und Wiesen säumen Steilabbrüche und flache Sandbuchten. Dass das Schutzgebiet genau auf dem erdbebengefährdeten San Andreas-Graben liegt, wurde beim großen Beben von 1906 deutlich, bei dem sich Verschiebungen im Erdreich um mehr als 5 m ergaben.

Bodega Bay (1400 Einw.; 110 km) ist heute eine kleine, von der Fischerei geprägte Siedlung. Bekannt wurde der Ort 1962 als Schauplatz von Alfred Hitchcocks Meisterwerk »Die Vögel«. Teil der damaligen Filmkulisse war ein Schulhaus, das ca. 7 Meilen landeinwärts im Ort Bodega steht und das man sich von den Besitzern zeigen lassen kann.

Im **Bay View Restaurant** werden frischer Heilbutt aus dem Pazifik und Hummer aus Maine serviert (800 Hwy 1, Tel. 707/875-2751; So–Di Ruhetag). ○○–○○○

Jenner (126 km) liegt am Beginn des spektakulärsten Abschnitts der Küste von Nordkalifornien. Am Strand sonnen sich im Sommer Kolonien von Seehunden.

Hoch oben an der Steilküste nimmt die Küstenstraße Kurs in Richtung Norden zum **Fort Ross State Historic Park** 🅖 (145 km; www.parks.ca.gov), einer rekonstruierten russischen Siedlung hinter einem Palisadenzaun, die 1812 gegründet und bis zum Beginn der 1930er Jahre als Russlands kalifornischer Außenposten betrieben wurde. Der lukrative Pelzhandel hatte die Männer aus dem Zarenreich bewogen, ihre Jagdgründe bis an die US-Pazifikküste auszudehnen. Heute existieren in dem Fort einige Gebäude aus Holz und eine kleine Kirche.

4 Karte Seite 87

87

Tour 4 Wogen, Wälder, wilde Weiten

*Mendocino ❼

Mendocino (1000 Einw.; 266 km) hat seine Geschichte als Holzhafen längst hinter sich gelassen und renommiert stattdessen als Künstlerrefugium und Touristenziel. Die Hotellerie bietet Unterkünfte in viktorianischen Häusern, unter denen das 1854 erbaute Kelley House das älteste sein soll.

Stanford Inn by the Sea, Comptche-Ukiah Rd., Tel. 707/ 937-5615; www.stanfordinn.com. Die meisten der luxuriösen Räume mit Kamin liegen zum Meer hin; sportliche Gäste können Pferde, Fahrräder oder Kanus ausleihen. ○○○

Mendocino Hotel, 45080 Main St., Tel. 937-0511; www.mendocinohotel.com. Schönes Hotelrestaurant im viktorianischen Stil mit einfacher Küche. ○○

Über Fort Bragg zur *Avenue of the Giants

Zwischen Mendocino und Fort Bragg zeigen sich die steilen Küstenabschnitte in den State Parks **Mendocino Headlands** und **Jughandle Beach** von ihrer urwüchsigen Seite mit ausgewaschenen Felsen, windzerzausten Zypressen und sanften Buchten.

Fort Bragg ❽ (7000 Einw.) hat einen malerischen Hafen, ist aber auch Standort eines großen, Holz verarbeitenden Betriebes, der gelegentlich eine übel riechende Rauchfahne ausstößt. An die Ära der Holzfäller knüpft mit dem *Skunk Train* ein historischer Zug an, der durch Redwood-Wälder ins 65 km entfernte **Willits** fährt (www.skunktrain.com).

Ein Abschnitt mit Redwood-Wäldern und natürlichen Attraktionen wie dem 1914 durch ein Feuer ausgebrannten **Chimney Tree** in Phillipsville oder dem **Shrine Drive-Thru Tree** (Tunnelbaum) in Myers Flat ist die 53 km lange ***Avenue of the Giants** (www.avenueofthegiants.net). Diese Nebenstrecke beginnt nördlich von Garberville und führt in Pepperwood auf den Hwy. 101 zurück.

Eureka ❾

Eureka (26 000 Einw.; 520 km) besitzt den größten Fischereihafen Kaliforniens nördlich von San Francisco und gründet seine wirtschaftliche Existenz zudem auf die Holzindustrie. Ganzer Stolz der Einwohner ist der historische Stadtkern um First, Second und Third Streets mit viktorianischen Häusern aus dem 19. Jh. Beeindruckend sieht ***Carson Mansion** (Second/M Sts.) aus, bei dem sich die Baumeister offensichtlich nicht so recht zwischen Neogotik und Lebkuchenstil entscheiden konnten.

Holzfällerschmaus

Der rettende Hafen für hungrige Mäuler ist das **Samoa Cookhouse** bei **Eureka** (Samoa Blvd., Tel. 707/ 442-1659; ○), früher einmal ein Holzfällerrestaurant, das das rustikale Flair der Pionierzeit zu seinem Markenzeichen machte. Bedienungen schleppen Riesentöpfe mit dampfender Suppe und frisch gebackenes Brot heran, ehe Kartoffeln, Gemüse und Fleischgerichte in Portionen serviert werden, als müssten die Gäste hinterher zum Holzhacken in die ausgedehnten Redwood-Wälder.

San Francisco → **Crater Lake N. P. → Astoria → **Seattle   Tour 4

Auf der Avenue of the Giants

Eureka/Humboldt County Convention & Visitors Bureau, 1034 2nd St., Eureka, CA 95501, Tel. 707/443-5097, www.redwoodvisitor.org

Abigail's Elegant Victorian Mansion, 1406 C St., Tel. 707/444-3144; www.eureka-california.com. Viktorianische Schönheit. ○○–○○○

Super 8 Motel, 1304 4th St., Tel. 707/443-3193. Gut ausgestattetes Kettenmotel mit Sauna. ○○

Ramone's Cafe, 209 E. St., Tel. 707/445-2923. Treff mit eigener Bäckerei. ○

Bayshore Mall, 3300 Broadway. zahlreiche Geschäfte und Restaurants; eine der besten Shopping-Adressen an der Nordküste.

*Redwood National Park ⑳

Orick hat sich einen Namen gemacht als südliches Tor zum 400 km² großen Redwood National Park (www.nps. gov/redw), der Heimat der riesigen Redwood-Bäume. Der Redwood National Forest ist kein zusammenhängender Park, sondern besteht aus einzelnen Teilgebieten, durch viele Wanderwege erschlossen. In den rund 200 Jahren vor der Parkgründung schrumpften die Redwood-Wälder durch Holzeinschlag und Rodung von 800 000 ha auf 120 000 ha zusammen.

Von Orick fahren Pendelbusse zur **Tall Tree Grove,** wo unter den riesigen Redwoods der 112 m hohe und 600 Jahre alte Tall Tree als der größte Baum der Erde gilt. Weiter nördlich schließen sich **Lady Bird Johnson Grove** ebenfalls mit riesigen Bäumen und der **Prairie Creek Redwoods State Park** an. Bis hinauf in den **Jedediah Smith Redwoods State Park** zieht sich die Nationalparklandschaft.

**Crater Lake ㉛

In **Crescent City** (666 km) wendet sich die SR 199 landeinwärts und überquert die Grenze zum Nachbarstaat Oregon, in dessen Süden mit dem **Crater Lake National Park** (972 km; www.nps.gov/crla) das Kronjuwel der Cascade Range liegt. Der von den schroffen Rändern eines Kraters umgebene See entstand vor etwa 6800 Jahren, als der einst 3700 m hohe Vulkan **Mazama** nach einer Eruption in sich zusammenbrach und eine Caldera bildete. Eine 53 km lange Panoramastraße (im Winter geschl.) führt um den tiefblauen See.

Oregon Dunes ㉜

An der Pazifikküste reihen sich nördlich von Coos Bay Dutzende von State Parks aneinander, von denen einer wildromantischer als der andere ist.

Tour 4 Wogen, Wälder, wilde Weiten

Die **Oregon Dunes National Recreation Area** zwischen Reedsport und Florence gaukelt vor, die Sahara sei zu Besuch an der Pazifikküste. Bis zu 200 m hohe Dünen, die nach der Eiszeit vor ca. 15 000 Jahren entstanden, ziehen sich vom Meeressaum 5 km landeinwärts. Wanderwege führen durch die knapp 60 km² große Wüste, in der Strandhafer die Sandkörner festzuhalten versucht.

Best Western Pier Point Inn, 85625 Hwy. 101, Florence, Tel. 541/997-7191; www.bestwestern.com. Die meisten Zimmer mit Blick auf den Siuslaw River. ○○

Mo's Restaurant, 1436 Bay St., Florence, Tel. 541/997-2185. Das Lokal ist für seine guten *Clam Chowders* (gebundene Muschelsuppen) bekannt. ○

Sea Lion Caves ⓾

Nördlich des Touristenstädtchens Florence kündigt von weitem das malerische **Heceta Lighthouse** eine der großen Attraktionen der Küste an: die Sea Lion Caves (www.sealioncaves.com), ein Seelöwen-Refugium, wo Hunderte dieser braunen Pelztiere in einer von der Meeresbrandung ausgewaschenen Höhle leben. Ein Aufzug bringt die Besucher zu einem Aussichtspunkt, von dem sie die bellenden Gesellen aus nächster Nähe beobachten können. Wer sich noch mehr für die Unterwasserwelt interessiert, sollte unbedingt das fantastische Oregon Coast Aquarium in **Newport** besuchen (www.aquarium.org).

Astoria ⓾

Astoria (9800 Einw.; 1634 km) sammelt historische Attraktionen um sich. 1805 kam hier die Lewis und Clark-Expedition auf der Erkundung des Westens an. Einfache Blockhäuser stehen im **Fort Clatsop National Memorial** (www.nps.gov/focl) 10 km westlich der Stadt, wo die Entdecker ihr Winterlager aufschlugen.

Crest Motel, 5366 Leif Erickson Dr., Tel. 503/325-3141; www.crest-motel.com. Hügellage mit tollen Blick auf den Columbia River. ○○

Red Lion Seafare Restaurant, 400 Industry St., Tel. 325-7373. Amerikanische Küche, serviert in einem Speiseraum mit nautischem Ambiente. ○○

Mount Rainier ⓾

Im Osten von Olympia, der Hauptstadt des Staates Washington, liegt der 1000 km² große **Mount Rainier N. P.** (www.nps.gov/mora), der vom Vulkankegel (4495 m) des Mount Rainier beherrscht wird. Eine strahlend weiße

Graue Riesen

Auf ihrer Wanderschaft von der Bering-See in die warmen Lagunen vor der mexikanischen Küste kommen alljährlich zwischen November und Februar Herden von **Grauwalen** dicht an der amerikanischen Pazifikküste vorbei. Der Küstenabschnitt im Staat Washington zwischen dem Columbia River und dem Städtchen Aberdeen bietet gute Chancen, die grauen Riesen selbst vom Land aus zu beobachten.

San Francisco → **Crater Lake N. P. → Astoria → **Seattle   Tour 4

Gletscherkappe, von welcher der 13 km² große Emmons-Gletscher nur einen Teil bildet, bedeckt den Riesen des Kaskadengebirges.

**Seattle ⑧⑥

Die größte und bedeutendste Stadt des Staates Washington (563 000 Einw.; 2031 km) entschloss sich zu einem architektonischen Balanceakt zwischen Alt und Neu. Das macht zusammen mit der malerischen Lage an der Elliott Bay den Reiz der Metropole aus. Seit Jahren rangiert Seattle im Spitzenfeld der US-Städte mit der höchsten Lebensqualität.

Seattle mit der Space Needle

 Seattle ist die Wiege der neuen US-Kaffeekultur. Ein Café-Klassiker ist **B & O Espresso,** wo man ausgezeichneten Espresso und kleine Speisen bekommt (204 Belmont Ave. E., Tel. 206/322-5028; ○–○○).

Zwischen den hölzernen Pfeilern, die Schiffsländen, Hafenrestaurants und Souvenirläden stützen, springen die Lachse. Im **Seattle Aquarium** (Pier 59) erlaubt der Underwater Dome den Besuchern, einen Blick unter die Wasseroberfläche der Elliott Bay zu werfen. Das moderne Gesicht von Seattle entstand seit 1962, als im Zuge der Weltausstellung u. a. die 185 m hohe futuristische **Space Needle** mit einer Aussichtsplattform entstand.

An die alten Markthallen von Paris erinnert ein wenig der **Pike Place Market.** Auf den Markttischen

4
Karte
Seite
87

---

⑪ Ausflug in den Olympic National Park

Von Seattle durch den lang gestreckten und von vielen Inseln gefleckten Puget Sound getrennt, ragt die Olympic Peninsula südlich der kanadischen Grenze wie ein mächtiges Bollwerk in den Pazifik hinaus. Über die Halbinsel erstreckt sich der **Olympic National Park** (www.nps.gov/olym), eine urtümliche Welt aus vergletscherten Bergen und fast undurchdringlichen Regenwäldern mit bemoosten Baumriesen, zwischen denen mannshoher Farn wächst. Nur grün gefiltert dringt das Licht durch die Baumkronen bis auf den Boden, der sich unter den Wanderstiefeln wie ein Schwamm anfühlt. Wildromantische Küstenabschnitte säumen die Wetterecke Amerikas, wie etwa ein Besuch in **La Push** beweist. Am Rialto Beach haben Winterstürme riesige Berge von ausgeblichenem Treibholz aufgeschichtet, das aussieht wie Skelettreste von ausgestorbenen Urtieren.

häufen sich Gemüseberge und Hügel von Äpfeln. Deftig geht es rund um die Fischauslagen zu, wo Tintenfisch und Haifischflossen kistenweise angeboten werden (tgl. geöffnet).

Im restaurierten historischen Stadtkern, **Pioneer Square Historic District,** verteilen sich Cafés und Restaurants in hübschen Ziegelgebäuden zwischen den Läden und Galerien.

Ein absolutes Muss ist der Besuch des **Museum of Flight.** In der Red Barn dokumentieren historische Fluggeräte, eine Concorde und eine Apollo-Raumkapsel die Geschichte der Fliegerei und Raumfahrt (9404 E. Marginal Way S.; tgl. 10–17, Do bis 21 Uhr).

i **Seattle-King County Convention & Visitors Bureau,** 1 Convention Place, Seattle, WA 98101, Tel. 206/461-5800; www.seeseattle.org

Flughafen: Seattle-Tacoma, 24 km südlich.
Fährverbindungen: Washington State Ferry System, Pier 52 am Colman Dock, verbindet Seattle mit der Olympic Peninsula, Tel. 206/464-6400; www.wsdot.wa.gov/ferries.

Edgewater, 2411 Alaskan Way-Pier, Tel. 206/728-7000; www.edgewaterhotel.com. Fabelhafte Lage direkt am Wasser. ○○○
▌**Gaslight Inn,** 1727 15th Ave., Tel. 206/325-3654; www.gaslight-inn.com. Kleines Bed & Breakfast im Stadtteil Capitol Hill. ○○

Dahlia Lounge, 1904 Fourth Ave., Tel. 682-4142. Spezialität: Krabbenkuchen. ○○○
▌**Elliott's Oyster House,** 1201 Alaskan Way, Pier 56, Seattle, Tel. 623-4340. Mekka für Austernliebhaber. ○○

Tour 5

Rund um das steinerne Rückgrat

Salt Lake City → **Grand Teton N. P. → ***Yellowstone N. P. → **Mount Rushmore → **Denver → Salt Lake City (3767 km)

Es zischt und blubbert in der Hexenküche. Aus siedenden Teichen steigen Dampfwolken und nach faulen Eiern stinkende Schwaden. Das unterirdische Grollen wird stärker, bis schließlich eine riesige Fontäne aus kochendem Wasser in den Himmel schießt. Yellowstone – ein fantastisches Naturwunder, neben dem selbst die steilen Granitzähne der Grand Tetons verblassen. Wie ein steinernes Rückgrat ziehen sich die Rocky Mountains, in denen diese Attraktionen liegen, durch den nordamerikanischen Kontinent. Durch grüne Täler winden sich die Straßen von Colorado nach Utah hinüber, wo alte Fundstellen an längst ausgestorbene Saurier erinnern. Für die Tour sollten drei Wochen veranschlagt werden.

Jackson und der **Grand Teton N. P.

Von Salt Lake City (s. S. 44 ff.) verläuft die Route nordwärts über Logan und den schönen **Bear Lake** ❽ nach **Jackson** ❾ (8600 Einw.; 425 km), eine der touristischen Hochburgen Wyomings. Der Ort hat sich eine Westernatmosphäre bewahrt, die zwischen Souvenirläden, Cowboykneipen und Blockhausmotels im Sommer allabendlich

Farbiger Heißwasserpool bei Old Faithful, Yellowstone N. P.

Grand Teton National Park

auf abgesperrten Straßen mit einer Westernshow demonstriert wird.

Im **Grand Teton National Park** (www.nps.gov/grte) nördlich von Jackson beherrscht der 4197 m hohe Grand Teton seine ebenso steilen und hohen Nachbarn. Am Fuß der unmittelbar aus der Ebene ansteigenden Bergkette reihen sich die drei Seen ***Jenny Lake, Jackson Lake** und **Leigh Lake** auf, in denen sich die selbst im Hochsommer von Gletschern bedeckten Granitspitzen spiegeln. Wanderwege führen durch die im Herbst zitronengelb verfärbten Espenwälder in die einsamen Hochtäler hinauf. Dichter, bemooster Wald säumt die Seeufer und an der östlichen Parkgrenze den **Snake River,** auf dem im Sommer Schlauchbootfahrer und Kanuten mit den Stromschnellen kämpfen.

 ***Yellowstone N. P.

Der 1872 gegründete erste Nationalpark der Welt (www.nps.gov/yell) gehört zu den größten Sehenswürdigkeiten des Westens, denn er verbindet Tierreichtum mit malerischen Landschaften und thermisch aktiven Gebieten zu einem Naturwunder ganz besonderer Art. Seine Hauptattraktionen sind die vielen Thermalgebiete, die sich über die Parkfläche verteilen: blubbernde Schlammvulkane mit schwefelgelben Rändern, siedende Pools mit unergründlichem Boden, zu Märchenlandschaften aufgetürmte Sinterablagerungen wie in **Mammoth Hot Springs** und Geysire, unter denen der ***Old Faithful** einen legendären Ruf besitzt. Seit Menschengedenken schießt aus seiner Öffnung regelmäßig etwa alle 60 bis 80 Minuten eine dampfende Wassersäule bis zu 50 m hoch in den Himmel.

Neben den Thermalgebieten lockt vor allem der ***Grand Canyon of the Yellowstone** viele Besucher an. Auf dem Weg vom Yellowstone Lake nach Norden Richtung Missouri schuf sich der Yellowstone River diese von gelben Klippen eingeengte Schlucht. Dazwischen stürzt sich das tosende Wasser über zwei spektakuläre Fälle, von denen die **Lower Falls** mit einer Höhe von knapp 94 m fast doppelt so hoch wie die Niagarafälle sind. Die Parkstraße führt auf beiden Seiten des Flusses direkt am Canyonrand, an dem zahlreiche Aussichtspunkte auf dieses Naturwunder liegen. Eine der schönsten Stellen ist **Artist Point,** von

Tour 5 Rund um das steinerne Rückgrat

Ende des 19. Jhs. fast ausgerottet, leben heute wieder große Bisonherden im Yellowstone National Park

wo der Blick durch die V-förmig eingeschnittene Schlucht auf die Lower Falls fällt.

Auch die Tierwelt gehört zu den Attraktionen des Yellowstone National Park. An kaum einem anderen Ort im Westen ist die Chance größer, Bisonherden, Wapitihirsche, Elche oder sogar einen Bären zu Gesicht zu bekommen.

Superintendent, P.O. Box 168, Yellowstone National Park, WY 82190, Tel. 307/344-7381; www.nps.gov/yell.

Old Faithful Inn, Grand Loop Rd., Yellowstone N. P., Tel. 307/344-7311. Die schöne alte Lodge besticht vor allem mit einer großartigen Lobby im Blockhausstil. ○○
▮ **Roosevelt Lodge Cabins,** Grand Loop Rd. an der Tower Junction, Tel. 307/344-7311. Die Cabins sind einfach, aber sehr gemütlich. ○○
▮ In West Yellowstone am westlichen Parkeingang gibt es viele **Motels**.
Campingplatz: Einige Plätze können unter der zentralen Reservierungsnummer bzw. im Internet (s. u.) reserviert werden. Die restlichen werden nach dem Muster »Wer zuerst kommt ...« belegt.

Alle großen Hotels und Lodges im Park (sämtliche Reservierungen: Tel. 307/344-7311 oder www.travelyellowstone.com/hotel) sind mit Restaurants bzw. Cafeterias ausgestattet (tgl. geöffnet).

Die Beinahe-Ausrottung der Bisons

In der ersten Hälfte des 19. Jhs. trotteten noch riesige Herden dieser stattlichen Tiere durch die unendlichen Prärien westlich des Mississippi. Mit Beginn der großen Wagentrecks in den 40er Jahren und vor allem mit dem transkontinentalen Eisenbahnbau schlug ihnen dann um ein Haar die letzte Stunde. Büffeljäger vom Schlage eines Buffalo Bill sorgten im Auftrag der Bahngesellschaften dafür, dass die Arbeitstrupps genug zu essen hatten. Gleichzeitig diente der unkontrollierte Abschuss aber einem politischen Ziel. Durch die Vernichtung der Bisonherden sollte den Indianern, denen die weißen Siedler das Land streitig machten, die Lebensgrundlage entzogen werden. Ende des 19. Jhs. waren von den einst gewaltigen Herden nur noch winzige Reste übrig, aus denen die heute noch existierenden Bestände herangezogen wurden.

Salt Lake City → **Mount Rushmore → **Denver → Salt Lake City   Tour 5

Cody ⓑ

Cody (8800 Einw.; 873 km) verdankt seinen Namen dem berühmtesten Sohn der Stadt – William Frederick Cody, besser bekannt unter dem Beinamen Buffalo Bill. Kein Wunder, dass das **Buffalo Bill Historical Center** (720 Sheridan Ave.) zu den größten Besuchermagneten der Kleinstadt zählt. Der Komplex entstand aus dem 1927 eröffneten **Buffalo Bill Museum** und besteht heute aus vier weiteren Einzelmuseen – der **Whitney Gallery of Western Art** mit Werken von Künstlern wie Thomas Moran, Frederic Remington und Carl Bodmer, dem **Cody Firearm Museum,** einer Waffensammlung, dem **Plains Indian Museum** zur Kultur zahlreicher Indianerstämme wie Sioux und Cheyenne sowie dem interaktiven naturkundlichen **Draper Museum of Natural History.**

 Mayor's Inn, 1413 Rumsey Ave., Tel. 307/587-0887; www.mayorsinn.com. Historisches, fast museales Bed & Breakfast. ○○–○○○

▍ **Comfort Inn At Buffalo Bill Village Resort,** 1701 Sheridan Ave., Tel. 307/587-5556, www.comfortinn.com. Modernes Motel mit Pool. ○○

★ Auf der **Double Diamond X Ranch** lernen die Gäste das Cowboyleben hautnah kennen (3453 Southfork Rd., Cody, WY 82414, Tel. 307/527-6276, Fax 587-2708; www.ddxranch.com; ○○○).

Über *Devil's Tower ⓑ nach Deadwood

Quer durch den dünn besiedelten Norden von Wyoming bummelt die SR 14 nach Westen und mündet nördlich von Sheridan in die I-90, die zum **Devil's Tower National Monument** (an der Nebenstrecke 24) führt. Zur Verfilmung des Science-Fiction-Thrillers »Unheimliche Begegnung der dritten Art« hätte sich der Regisseur keinen besseren Ort einfallen lassen können als diesen auserodierten 264 m hohen »Basaltstöpsel«, der sich fast ansatzlos aus der flachen Umgebung erhebt. Das Wahrzeichen Wyomings entstand, indem die natürliche Verwitterung die Umgebung dieses von einem etwa 60 Mio. Jahre alten Vulkan herrührenden erstarrten Magmazapfens abtrug.

Nirgends in South Dakota lebt der Wilde Westen so unbeschwert wie in **Deadwood** (2200 Einw.; 1463 km). Die Main Street würde jedem Clint Eastwood-Streifen Ehre machen mit Kneipen im Blockhausstil wie dem legendären Saloon No. 10, der seit dem Goldrausch 1876 existiert. Wo früher Prospektoren ihr Glück oder ihre Misserfolge im Whiskey ertränkten, polieren heute Besucher aus aller Welt den Tresen. Viele reisen jeweils im August zum großen Wildwestrodeo an.

Rapid City ⓑ

Wo die endlosen Plains die Flanken der Black Hills hinaufsteigen, liegt die zweitgrößte Stadt in South Dakota, Rapid City (60 000 Einw.; 2790 km). Als sie 1876 eilig aus dem Boden gestampft wurde, zitterte das Land vor Goldfieber, aber auch vor Angst vor den Sioux-Indianern, die sich gegen weiße Zuwanderer verteidigten. Das **Journey Museum** (222 New York St.; www.journeymuseum.org) besteht aus Einzelmuseen wie dem Sioux Museum, dem Pioneer Museum, dem Geologiemuseum, der Archäologieausstellung und der Duhamel-Sammlung mit Exponaten der Sioux-Indianer.

Tour 5 Rund um das steinerne Rückgrat

Badlands National Park

Mount Rushmore

🏠 **Alex Johnson Hotel,**
523 6th St., Tel. 605/342-1210; www.alexjohnson.com. Schön restauriertes historisches Luxushotel mit Erinnerungsstücken an die Sioux. ◐○

Campingplatz: Berry Patch Campground, 1860 E. North St., Tel. 605/341-5588. Winziger, aber sauberer Campingplatz ca. 2 km östlich der Stadt.

🍴 **Firehouse Brewing Co.,**
610 Main St., Tel. 348-1915. Lebhafte, einzige Brauerei South Dakotas in einer alten Feuerwache; Hausmannskost. ○

Badlands ⓬

Von Rapid City bietet sich ein 255 km langer Ausflug zum **Badlands National Park** (www.nps.gov/badl) an, der am einfachsten über die I-90 erreichbar ist. Südlich der Ortschaft **Wall** ändert sich die Landschaft. Das Grasland macht einer Kulisse aus tiefen, zerklüfteten Erdschrunden und zernagten Bergrücken Platz, auf denen im Frühjahr hie und da ein grüner Flecken Gras als Dekoration dient. Wind und Wasser zerfurchten die Region und wuschen steile Canyons aus, in denen die Fossilien längst ausgestorbener Tierarten zu finden sind.

Bei **Interior,** wo sich das Hauptquartier des Parks befindet, biegen die Straßen 377 und 44 ab, über die ein zweiter, südlich von **Scenic** liegender Parkteil erreichbar ist.

**Mount Rushmore ⓭

Mount Rushmore (1792 km, www.nps.gov/moru) mit den vier aus dem Fels herausgeschlagenen Präsidentenköpfen von George Washington, Thomas Jefferson, Abraham Lincoln und Theodore Roosevelt zählt zu den bekanntesten Denkmälern der USA. Jahrzehntelang war der Bildhauer Gutzon Borglum mit seinen Helfern bei der Arbeit, ehe das Monumentalwerk durch seinen Sohn in den 1940er Jahren vollendet wurde. Die Gesichter sind am besten am frühen Morgen zu sehen, wenn die ersten Sonnenstrahlen die Präsidentenkonterfeis beleuchten.

Richtung Süden

An der Strecke nach Süden (S 87) wartet der **Wind Cave National Park** ⓮ (www.nps.gov/wica) mit einer märchenhaften Kalksteinhöhle auf. Die bizarre Unterwelt zählt mit 114 km vermessenen Gängen zu den längsten Höhlen der Welt. Auf dem Parkgebiet stapfen Bisonherden durch das Grasland, wo auch Hirsche und Antilopen leben.

Salt Lake City → **Mount Rushmore → **Denver → Salt Lake City   Tour 5

Cheyenne (53 000 Einw.; 2258 km) ist trotz seiner geringen Größe die bevölkerungsreichste Stadt Wyomings. Einmal im Jahr erwacht sie aus ihren Tagträumen, wenn sich zu den *Cheyenne Frontier Days* um den 4. Juli die besten Rodeoreiter treffen.

**Denver ⑨7

Denvers Reiz (554 000 Einw.; 3440 km) besteht nicht zuletzt darin, dass es am Fuße der Rockies liegt. Eine Autostunde westlich breiten sich in der schönen Bergwelt kristallklare Seen, Blumenwiesen und Dutzende von Gipfeln aus, die höher als 3000 m sind. Denver wurde auf goldhaltigem Boden gegründet. Das **State Capitol** demonstriert die reiche Geschichte mit einer Kuppel, deren Blattgold aus eigenen Minen stammt. Später erlangte Denver als Verkehrsknotenpunkt wirtschaftliche Bedeutung. Zu den beliebtesten Gegenden der City zählt der **Larimer Square,** wo die Straßen mit Restaurants und Geschäften aussehen wie um die Wende zum 20. Jh.

Denver besitzt eine vielfältige Museumsszene mit Highlights wie dem **Denver Art Museum** (100 W. 14th Ave.; www.denverartmuseum.org), das u. a. präkolumbische Kunst, Totempfähle und Gebrauchsgegenstände der Native Americans zeigt. Auch das **Museum of Contemporary Art** (1275 19th St.) und das **Trianon Museum and Art Gallery** (335 14th St.) mit europäischer Kunst des 18. Jhs. lohnen den Besuch. Der **Denver Zoo** (E. 23rd/Steele Sts.) verspricht unterhaltsame Stunden.

> **Denver Metro Convention & Visitors Bureau,** 1555 California St., Suite 300, Denver, CO 80202, Tel. 303/892-1112; www.denver.org

Flughafen: Denver International Airport, 37 km nordöstlich der Stadt.

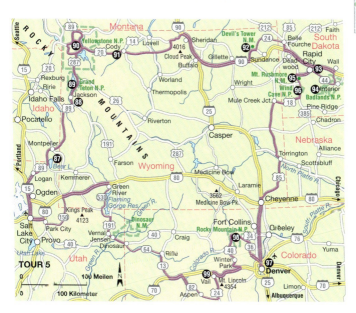

Bear Lake im Rocky Mountain N. P.

Vail (4500 Einw.; 2854 km) zählt schon lange zu den bekanntesten Skiparadiesen der USA. Neben fabelhaften Abfahrten renommiert der Ort mit dem berühmten *Colorado Powder,* worunter ein für Tiefschneefreunde bestens geeigneter Pulverschnee verstanden wird. Konkurrent von Vail ist **Aspen** (5900 Einw.; 3004 km), das Wintersportmekka der Reichen und Berühmten.

Oxford Hotel, 1600 17th St., Tel. 303/628-5400; www.theoxfordhotel.com. Einst Denvers erstes Luxushotel (1891), mit Antiquitäten ausgestattet. ○○○
▪ **Comfort Inn Downtown,** 401 7th St., Tel. 303/296-0400; www.comfortinn.com. Gutes Stadtmotel in zentraler Lage. ○○

Innsbruck Inn, 233 W. Main St., Aspen, Tel. 970/920-3901, Fax 925-6960. Der Bus in alle Skigebiete fährt gleich vor der Tür ab. ○○

Baby Doe's Matchless Mine, 2520 W. 23rd Ave., Tel. 433-3386, tgl. Bisonsteaks in Goldgräberatmosphäre aus dem 19. Jh. ○○
▪ **Wynkoop Brewery,** 1634 18th St., Tel. 297-2700. Brauereigaststätte mit guter Hausmannskost. ○

Faszinierende Landschaften

Eine Autostunde westlich von Denver liegt der ****Rocky Mountain National Park** (www.nps.gov/romo), durch den mit der Trail Ridge Road eine bis über 3500 m Höhe ansteigende Gebirgsstraße führt. Der höchste Punkt im Park ist der 4345 m hohe Longs Peak. Zu den populärsten Attraktionen gehört der Bear Lake, der sich im Frühjahr und Herbst von seiner schönsten Seite zeigt.

Im äußersten Nordwesten des Bundesstaates liegt bei der Ortschaft **Dinosaur** (3304 km) das **Dinosaur National Monument,** ein faszinierendes Zeugnis von der Existenz gigantischer Dinosaurier, die vor 140 Mio. Jahren diese Gegend Amerikas durchstreiften. Jenseits der Utah-Grenze wurden im **Dinosaur Quarry** (SR 149, nördlich Jenson), einer uralten Sandbank, Dutzende der prähistorischen Riesentiere von Wissenschaftlern ausgegraben. Mit etwas Glück kann man die Forscher dabei beobachten, wie sie einzelne Knochen und Skelettteile freilegen.

Nördlich von Vernal dehnt sich am aufgestauten Green River die **Flaming Gorge National Recreation Area** aus, eine wildromantische Landschaft für Wanderer und Wassersportler. Im großen Bogen verläuft die Route durch den äußersten Südwesten des Bundesstaates Wyoming zurück nach Utah, durchquert die **Uinta Mountains** und erreicht dann das renommierte Wintersportgebiet **Park City** in der Wasatch Range.

Die Rundtour durch den Nordwesten der USA endet in der Hauptstadt Salt Lake City (3767 km, s. S. 44 ff.).

Infos von A–Z

Ärztliche Versorgung
Die medizinische Versorgung in den USA ist ausgezeichnet. Allerdings müssen Leistungen der Ärzte und Krankenhäuser sofort in bar oder mit Kreditkarte bezahlt werden. Da die Kosten sehr hoch sein können, ist der Abschluss einer privaten Reisekrankenversicherung dringend zu empfehlen. Viele Medikamente, die zu Hause rezeptfrei sind, sind in den USA rezeptpflichtig. Es ist daher sinnvoll, für ständig benötigte Medikamente eine Rezeptkopie mitzubringen, damit ein Arzt in den USA im Notfall Nachschub verschreiben kann.

Adressen von Ärzten, Zahnärzten und Krankenhäusern findet man in den *Yellow Pages* (Gelbe Seiten) der Telefonbücher. Notfalls ruft man die Telefonvermittlung (Nummer »0«) an und bittet um Hilfe. Medikamente gibt es in *Pharmacies* oder in den *Drugstores* der großen Supermärkte.

Alkohol
In den meisten Bundesstaaten bekommt man alkoholische Getränke erst ab 21 Jahren. Bier und Wein sind in Lebensmittelläden zu erhalten, härtere Sachen werden in manchen Gegenden nur in speziellen *liquor stores* verkauft. In einigen Landkreisen (etwa in New Mexico) wird am Sonntag kein Alkohol verkauft. Im Mormonenstaat Utah kann man Alkoholika generell nur in staatlichen Liquor Stores bekommen; viele der Bars in ländlichen Regionen schenken nur Bier aus.

Diplomatische Vertretungen
Botschaften der USA befinden sich in Berlin, Wien und Bern, Konsulate in Berlin, Frankfurt/M., Hamburg, Leipzig, München, Stuttgart, Salzburg und Zürich. Bei Passverlust und anderen Notfällen im Westen der USA wende man sich an folgende Adressen:

- **Deutsches Generalkonsulat,** 6222 Wilshire Blvd., Suite 500, Los Angeles, CA 90048, Tel. 323/930-2703, Fax 930-2805; 1960 Jackson St., San Francisco, CA 94109, Tel. 415/775-1061, Fax 775-0187
- **Österreichisches Generalkonsulat,** 11859 Wilshire Blvd., Los Angeles, CA 90025, Tel. 310/444-9310, Fax 477-9897
- **Generalkonsulat der Schweiz,** 11766 Wilshire Blvd., Los Angeles, CA 90025, Tel. 310/575-1145,

Maße und Temperatur

Länge
1 inch (in.) = 2,54 cm
1 foot (ft.) = 12 inches = 30,48 cm
1 yard (yd.) = 3 feet = 91,44 cm
1 mile (mi.) = 1,609 km

Volumen
1 gill (gl.) = 0,118 Liter
1 pint (pt.) = 4 gills = 0,473 Liter
1 quart (qt.) = 2 pints = 0,946 Liter
1 gallon (gal.) = 4 quarts = 3,785 Liter

Gewicht
1 ounce (oz.) = 28,35 g
1 pound (lb.) = 16 ozs. = 453,6 g
1 stone (st.) = 14 lbs. = 6,35 kg
1 quarter (qr.) = 25 lbs. = 11,339 kg
1 hundredweight = 4 qrs. = 45,359 kg
1 ton(t) = 2000 lbs. = 907 kg

Temperatur

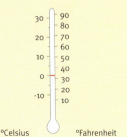

Fax 575-1982; 456 Montgomery St., San Francisco, CA 94104, Tel. 415/788-2272, Fax 788-1402

Einkaufen

Selbst hartnäckige Konsumverweigerer können in den *Malls* dem großen Angebot kaum widerstehen. Die meist am Stadtrand gelegenen Shopping-Paradiese sind z. T. in sehenswerten Gebäuden mit exotischem Interieur untergebracht. Als Mitbringsel aus dem Westen bietet sich in erster Linie Indianerschmuck an, der häufig aus Silber hergestellt und mit Türkisen geschmückt ist. Auch indianische Töpfereien aus den Pueblos in New Mexico stehen hoch im Kurs. Viele Geschäfte sind auf teils hochwertige Westernmode wie Ledergürtel, Stiefel und Hüte spezialisiert (s. Special S. 8/9).

Einreise

Seit September 2004 gelten in den USA verschärfte Einreisevorschriften: Ohne Visum für die Dauer von maximal 90 Tagen einreisen darf man nur noch mit einem maschinenlesbaren Reisepass, der mindestens für die Dauer des Aufenthalts gültig sein muss. Gleiches gilt auch für Kinder und Babys. Fingerabdrücke und ein digitales Porträtfoto sind obligatorisch. Bei einem Aufenthalt von mehr als 90 Tagen benötigt man ein Visum.

Elektrizität

110 V Wechselstrom, ein Adapter ist nötig.

Feiertage

New Year's Day (1. Jan.); Martin Luther King Junior's Birthday (3. Mo im Jan.); Lincoln's Birthday (12. Febr.); Washington's Birthday (3. Mo im Febr.); Memorial Day (Heldengedenktag, letzter Mo im Mai); Independence Day (Tag der Unabhängigkeit, 4. Juli); Labor Day (Tag der Arbeit, 1. Mo im Sept.); Columbus Day (2. Mo im Okt.); Veterans Day (Soldatengedenktag, 11. Nov.); Thanksgiving Day (Erntedankfest, 4. Do im Nov.); Christmas Day (25. Dez.).

Darüber hinaus gibt es noch regionale Feiertage. An den großen staatlichen Feiertagen sind meist nur Behörden, Büros, manche Museen und die Postämter geschlossen. Läden und Shoppingmalls bleiben geöffnet und bieten meist sogar Sonderverkäufe.

Geld und Währung

Die amerikanische Währung ist der Dollar ($), derzeitiger Wechselkurs: 1 $ = ca. 0,78 € bzw. 1,17 CHF (Stand: Ende 2004). Banknoten bekommt man im Wert von 1, 2, 5, 10, 20, 50 oder 100 Dollar. Alle Scheine haben dasselbe Format. Das Münzgeld besteht aus 1, 5 (Nickel), 10 (Dime), 25 (Quarter), 50 Cent und dem fast verschwundenen Ein-Dollar-Stück. Am besten ausgerüstet ist, wer Dollar-Reiseschecks und einige Dollars in bar mitnimmt. Reiseschecks können in Läden, Restaurants und Hotels wie Bargeld verwendet werden.

Die meisten Rechnungen kann man mit Kreditkarte begleichen (am besten Mastercard oder VISA) und mit der entsprechenden PIN-Nummer hebt man am Automaten Bargeld ab. An vielen Geldautomaten kann man auch mit der heimischen Bankkarte (mit Maestro-Symbol) Geld abheben.

Information

Visit USA Committee Germany e.V., Postfach 10 15 51, 64215 Darmstadt, Tel. 0 70 00/3 96 84 11, www.vusa-germany.de

▌ Fremdenverkehrsamt für **Montana, Idaho, South Dakota, Oregon/Washington** und **Wyoming,** c/o Wiechmann

Tourism Services, Scheidswaldstr. 73, 60385 Frankfurt/M., Tel. 0 69/ 25 53 80, Fax 25 53 81 00
- **Las Vegas,** c/o The Mangum Group, Sonnenstr. 9, 80331 München, Tel. 0 89/23 66 21 39, www.mangum.de
- **Texas,** Adresse s. Las Vegas, Tel. 0 89/23 66 21 43
- **Arizona, Colorado, New Mexiko und Utah,** c/o Get It Across, Neumarkt 33, 50667 Köln, Tel. 02 21/ 2 33 64 08, Fax 2 33 64 50, namedesbundesstaates@getitacross.de
- **Kalifornien,** c/o Touristikdienst Truber, Schwarzwaldstr. 13, 63811 Stockstadt, Tel. 0 60 27/40 11 08, Fax 40 28 19 (Prospektversand).

Kleidung
Die Kleidung darf lässig ausfallen. In guten Restaurants wird allerdings Wert auf Krawatte und Jackett gelegt.

Nationalparks
Beim Besuch von mindestens fünf Nationalparks lohnt sich der Kauf des Golden Eagle-Ausweises für 50 $.

Notruf
Fast überall ist »911« die Notrufnummer. Sonst hilft auch die Telefonvermittlung unter der Nummer »0«. Bei Pannen erhalten ADAC-Mitglieder vom amerikanischen Automobilklub AAA Hilfe (Tel. 1-800/AAA-HELP).

Öffnungszeiten
- **Geschäfte:** Die Öffnungszeiten variieren stark, kleinere Geschäfte öffnen Mo–Sa 9.30–17 Uhr, Supermärkte oft bis 21 Uhr oder 24 Stunden täglich.
- **Banken:** Mo–Fr 9–15 Uhr.
- **Post:** Mo–Fr 8–18, Sa 8–12 Uhr.
- **Museen:** Die meisten Museen sind Di–Sa 10–16 oder 17 Uhr geöffnet, So selten vor 13 Uhr, Mo in der Regel geschlossen. Vergnügungsparks sind meist bis 18 Uhr oder länger geöffnet.

Post
Die Post ist nur für Briefe und Pakete, nicht für Telefonate zuständig.

Sicherheit
Bei der Fahrt durch größere Städte sollte man das Fahrzeug von innen verriegeln und Slumviertel nach Möglichkeit ganz meiden.

Telefon
Bei Gesprächen aus den USA: Vorwahl für Deutschland 0 11 49, Schweiz 0 11 41, Österreich 0 11 43, dann Ortskennzahl ohne die »0« und schließlich die Rufnummer. Am billigsten telefoniert man mit einer im Supermarkt gekauften Telefonkarte. Heimische Handys sind in den USA nur einsetzbar, wenn es sich um Tri-Band-Handys handelt. Tarifinfo unter www.teltarif.de/mobilfunk.

Trinkgeld
In Restaurants ist ein Trinkgeld von 10–15 % der Rechnungssumme obligatorisch. Gepäckträger erhalten 1 $ pro Koffer, Zimmermädchen bei der Abreise 1 $ pro Aufenthaltstag.

Zeitzonen
Washington, Oregon, Nevada und Kalifornien liegen in der *Pacific Standard Time Zone* (MEZ –9 Std.), während Montana, Idaho, Wyoming, Colorado, Utah, Arizona, New Mexico *Mountain Standard Time* (MEZ –8 Std.) haben. Die Uhren werden außer in Arizona von Anfang April bis Ende Okt. auf die Sommerzeit umgestellt.

Zoll
In die USA dürfen keine Pflanzen, Samen oder Fleischwaren eingeführt werden. Bei der Wiedereinreise ins Heimatland dürfen Geschenke einen Wert von bis zu 175 € bzw. 300 CHF nicht übersteigen.

Mini-Dolmetscher Amerikanisches Englisch

Allgemeines

Guten Morgen.	Good morning. [gud **mohr**ning]
Guten Tag. (nachmittags)	Good afternoon. [gud äfter**nuhn**]
Hallo!	Hi! [hai]
Wie geht's?	How are you? [hau **ahr**‿ju]
Danke, gut.	Fine, thank you. [fain, θänk‿ju]
Ich heiße ...	My name is ... [mai **nehm**‿is]
Auf Wiedersehen.	Bye-bye. [baibai]
Morgen	morning [**mohr**ning]
Nachmittag	afternoon [äfter**nuhn**]
Abend	evening [**ihw**ning]
Nacht	night [nait]
morgen	tomorrow [tu**morr**oh]
heute	today [tu**deh**]
gestern	yesterday [**jes**terdeh]
Sprechen Sie Deutsch?	Do you speak German? [du‿ju spihk **dseh**öhrmən]
Wie bitte?	Pardon? [**pahr**dn]
Ich verstehe nicht.	I don't understand. [ai **dohnt** anderständ]
Würden Sie das bitte wiederholen?	Would you repeat that please? [wud‿ju ri**piht** δät, **plihs**]
bitte	please [**plihs**]
danke	thank you [θänk‿ju]
Keine Ursache.	You're welcome. [johr **wäll**kamm]
was / wer / welcher	what / who / which [wott / huh / witsch]
wo / wohin	where [wäər]
wie / wie viel	how / how much [hau / hau **matsch**]
wann / wie lange	when / how long [wänn / hau **long**]
Wie heißt das?	What is this called? [**wott**‿is δis **kohld**]
Wo ist ...?	Where is ...? [**wäər**‿is ...]
Können Sie mir helfen?	Can you help me? [kän‿ju **hälp**‿mi]
ja	yes [jäss]
nein	no [noh]
Entschuldigen Sie.	Excuse me. [iks**kjuhs** mi]

Sightseeing

Gibt es hier eine Touristeninformation?	Is there a tourist information? [is‿δər‿ə **tua**rist infər**meh**schn]
Haben Sie einen Stadtplan / ein Hotelverzeichnis?	Do you have a city map / a list of hotels? [du‿ju häw‿ə **ßi**ti mäpp / list‿əw hoh**tälls**]
Welche Sehenswürdigkeiten gibt es hier?	What are the local sights? [wott‿ahr δə lohkl **ßaits**]
Wann ist ... geöffnet?	When are the opening hours of ...? [**wänn**‿ahr δi **ohp**ning auers əw ...]
das Museum	the museum [δə mju**sih**əm]
die Kirche	the church [δə **tschöhr**tsch]
die Ausstellung	the exhibition [δi egsi**bisch**n]
Wegen Restaurierung geschlossen.	Closed for restoration. [**klohsd** far räßtə**rehsch**n]

Shopping

Wo gibt es ...?	Where can I find ...? [wäər kən‿ai **faind** ...]
Wie viel kostet das?	How much is this? [hau‿matsch is‿δis]
Das ist zu teuer.	This is too expensive. [δis‿is **tuh** iks**pänn**ßiw]
Das gefällt mir (nicht).	I like it. / I don't like it. [ai **laik**‿it / ai dohnt **laik**‿it]
Gibt es das in einer anderen Farbe / Größe?	Do you have this in a different color / size? [du‿ju **häw**‿δis in‿ə **diffr**ənt **kall**er / ßais]
Ich nehme es.	I'll take it. [ail **tehk**‿it]
Wo ist eine Bank?	Where is a bank? [**wäər**‿is ə‿**bänk**]
Ich suche einen Geldautomaten.	I am looking for an ATM. [aim **luck**ing fər‿ən **ä**tihem]
Geben Sie mir zwei Pfund (ca. 900 g) Pfirsiche / Tomaten.	Could I have two pounds of peaches / of tomatoes. [kud‿ai häw **tuh** **paunds**‿əw **piht**schis / tə**mäi**tohs]
Haben Sie deutsche Zeitungen?	Do you have German newspapers? [du‿ju häw **dseh**öhrmən **nuh**spehpers]
Wo kann ich telefonieren / mit meiner (Telefon-) Kreditkarte?	Where can I make a phone call / with my credit card? [**wäər** kən‿ai mehk‿ə **fohn**‿kohl / wiδ mai **krädit**‿kahrd]

Notfälle

Ich brauche einen Arzt / Zahnarzt.	I need a doctor / a dentist. [ai **nihd**‿ə **dock**ter / ə **dännt**ist]
Rufen Sie bitte einen Krankenwagen / die Polizei.	Please call an ambulance / the police. [plihs kohl ən‿**ämm**bjuləns / ðə pə**lihs**]
Wir hatten einen Unfall.	We've had an accident. [wihw **häd** ən‿**äck**ßidənt]
Wo ist das nächste Polizeirevier?	Where is the nearest police station? [**wäər**‿is ðə **niər**əst pə**lihs** stehschn]
Ich bin bestohlen worden.	I have been robbed. [ai haw bihn **robbd**]
Mein Auto ist aufgebrochen worden.	My car has been broken into. [mai **kahr** həs bihn **brohk**ən inntu]

Essen und Trinken

Die Speisekarte, bitte.	The menu please. [ðə **männ**ju plihs]
Brot	bread [**bräd**]
Kaffee	coffee [**koffi**]
Tee	tea [tih]
mit Milch / Zucker	with milk / sugar [wið‿**milk** / **schugg**er]
Orangensaft	orange juice [**orr**əndsch‿dschuhs]
Mehr Kaffee, bitte.	Some more coffee please. [ßəm‿**mohr koffi** plihs]
Suppe	soup [ßuhp]
Fisch	fish [fisch]
Meeresfrüchte	seafood [**ßih**fud]
Fleisch	meat [miht]
Geflügel	poultry [**pohl**tri]
Beilage	sidedish [**ßaid**‿disch]
vegetarische Gerichte	vegetarian food [**wädsch**ətäriən fud]
Salat	salad [**ßäl**əd]
Dessert	dessert [di**ßöhrt**]
Obst	fruit [fruht]
Eis	ice cream [ais **krihm**]
Wein	wine [wain]
weiß / rot / rosé	white / red / rosé [wait / **räd** / **roh**seh]
Bier	beer [bir]
Aperitif	aperitif [ə**pärr**ətihf]
Wasser	water [**wohd**er]
Mineralwasser	mineral water [**minn**rəl wohder]
mit / ohne Kohlensäure	sparkling / still [**ßpahrk**ling / still]
Limonade	lemonade [**lä**mməneh̆d]
Frühstück	breakfast [**bräck**fəst]
Mittagessen	lunch [**lanntsch**]
Abendessen	dinner [**dinner**]
ein Imbiss	a snack [ə‿**ßnäck**]
Ich möchte bezahlen.	The check, please. [ðə **tschck**, plihs]
Es war sehr gut / nicht so gut.	It was very good / not so good. [it‿wəs **wärri gud** / **nott**‿ßoh **gud**]

Im Hotel

Ich suche ein gutes / nicht zu teures Hotel.	I am looking for a good / not too expensive hotel. [aim **luck**ing fər‿ə **gud** / **nott** tu ickspännßiw hoh**täll**]
Ich habe ein Zimmer reserviert.	I have booked a room. [ai haw **buckt** ə **ruhm**]
Ich suche ein Zimmer für ... Personen.	I am looking for a room for ... persons. [aim **luck**ing fər‿ə **ruhm** fər ... **pöhr**ßns]
Mit Dusche.	With shower [wið **schauər**]
Mit Balkon / Blick aufs Meer.	With a balcony / overlooking the sea. [wið‿ə **bälk**əni / **oh**werlucking ðə **ßih**]
Wie viel kostet das Zimmer pro Nacht?	How much is the room per night? [**hau**‿matsch is ðə ruhm pər‿**nait**]
Mit Frühstück?	Including breakfast? [in**kluh**ding **bräck**fəst]
Kann ich das Zimmer sehen?	Can I see the room? [kən‿ai ßih ðə ruhm]
Haben Sie ein anderes Zimmer?	Do you have another room? [du‿ju **häw** ən**ə**ðer ruhm]
Das Zimmer gefällt mir (nicht).	I like the room. / I don't like the room. [ai **laick** ðə ruhm / ai **dohnt laick** ðə ruhm]
Kann ich mit Kreditkarte bezahlen?	Do you accept credit cards? [du‿ju ack**ßäppt krädit**‿kahrds]
Wo kann ich parken?	Where can I park the car? [**wäər** kən‿ai **pahrk** ðə **kahr**]
Können Sie das Gepäck in mein Zimmer bringen?	Could you bring the baggage to my room? [kud‿ju ðə **bägg**idsch tə‿mai **ruhm**]
Haben Sie einen Platz für ein Zelt / einen Wohnwagen / ein Wohnmobil?	Is there room for a tent / a camper / a motor home? [is‿ðər **ruhm** fər‿ə **tänt** / ə **kämp**er / ə **mout**ər houm]
Wir brauchen Strom / Wasser.	We need electricity / water. [wi **nihd** iläcktrissəti / **wohd**er]

Orts- und Sachregister

Adobe-Baustil 21, 50, 79
Alamogordo 82
Albuquerque 77 f.
Amarillo 83
Angel Fire 81
Antelope Canyon 66
Anza Borrego Desert S. P. 56
Arches N. P. 14, 69 f.
Architektur 21, 50
Aspen 27, 98
Astoria 90
Avenue of the Giants 88 f.

Badlands N. P. 96
Bandelier N. M. 80
Big Bend N. P. 83
Big Sur 14, 49
Blythe 77
Bodega Bay 87
Bodie 62
Bright Angel Trail 66
Bryce Canyon N. P. 68 f.

Camino Real 32, 55
Canyon de Chelly 72 f.
Canyonlands N. P. 69
Capitol Reef N. P. 69
Carlsbad Caverns N. P. 83 f.
Carmel 49
Carrizozo 82
Channel Islands 52
Cheyenne 97
Chimayo 82
Chimney Tree 88
Chinle 72
Ciudad Juarez (Mexiko) 84
Cody 95
Coloma 63
Colorado River 6, 64, 65 f., 69, 76, 86
Cottonwood 74
Crater Lake N. P. 89
Crescent City 89
Curry Village 60

Dante's View 59
DAV Vietnam Veterans Memorial 81
Dead Horse S. P. 69
Deadwood 95
Death Valley N. P. 59
Denver 97 f.
Desert View Point 66
Devil's Tower N. M. 95
Dinosaur N. M. 98
Durango 9

Eagle Nest 81
El Capitan 26, 60
El Paso 84
Emerald Bay 62
Enchanted Circle 81
Espanola 80
Eureka 11, 88 f.

Feste 23
Flagstaff 73
Flaming Gorge N. R. A. 98
Florence 90
Fort Bragg 88
Fort Ross S. H. P. 87

Glacier Point 60
Glen Canyon-Staudamm 66
Goldrausch 20, 62, 95
Grand Canyon N. P. 65 f.
Grand Canyon of the Yellowstone 93
Grand Canyon Village 65
Grand Teton N. P. 26, 93
Great Salt Lake 46
Guadalupe Mountains N. P. 84

Half Dome 60
Hanksville 69
Hearst Castle 50
Hell's Canyon 7
Hoover-Staudamm 20, 64
Huntington Beach 53

Imperial Sanddunes 86

Jackson 92
Jackson Hole 9
Jenner 87
Joshua Tree N. P. 56
Jughandle Beach 88
Julian 56

Kanab 68
Kingman 65

La Jolla 53
La Push 91
Lake Mead 12, 64
Lake Powell 7, 12, 27, 67 f.
Lake Tahoe 27, 62
Las Cruces 84
Las Vegas 8, 20, 57 ff.
Lee Vining 59
Lincoln 82
Little Colorado 66
Los Angeles 20, 38 ff.
- Beverly Hills 41
- Chinatown 38
- Civic Center 38
- Disneyland 43
- Farmers Market 40
- Financial and Business District 39
- Getty Center 41
- Grand Central Public Market 39
- Griffith Observatory 41
- Hollywood 40
- J. Paul Getty Museum 42
- La Brea Tar Pits 39
- Little Tokyo 39
- Los Angeles County Museum of Art 39
- Mann's Chinese Theatre 41
- Miracle Mile 39
- Muscle Beach 42
- Museum of Contemporary Art 39
- Olvera Street 38
- Pueblo de Los Angeles 38
- Rodeo Drive 41
- Santa Monica 41
- Universal Studios 41
- Venice Beach 42
- Walk of Fame 41

Mammoth Hot Springs 93
Mammutbaum 17, 60, 86
Mariposa Grove 60
Mendocino 88
Mendocino Headlands 88
Mesa Verde N. P. 22, 70 f.
Meteor Crater 73
Mission Trail 55
Missionsstil 22, 50
Moab 70
Mono Lake 59, 76
Monterey 48
Monument Valley 21, 72
Morro Bay 51
Mount Carmel Junction 68
Mount Rainier N. P. 26, 90
Mount Rushmore 96
Mount Whitney 14, 59
Muir Woods N. M. 86

Nambé 79, 80
Nationalparks 13, 101
Needles District 70
Newport 90

Old Faithful 93
Olympic N. P. 91
Oregon Coast Aquarium 90
Oregon Dunes N. R. A. 90
Organ Pipe Cactus N. M. 85
Orick 89
Owens Valley 76

Page 66
Painted Desert 66
Palm Springs 56
Palo Duro Canyon S. P. 83
Park City 98
Petrified Forest N. P. 73
Phoenix 75 ff.

Placerville 62
Point Lobos S. R. 49
Point Reyes National Seashore 87
Pojoaque 79, 80
Ponderosa Ranch 62
Pony Express 62
Prescott 75
Puye Cliff Dwellings 80

Rainbow Bridge 67
Ranches 11, 26, 28, 95
Ranchos de Taos 82
Rapid City 95 f.
Redwood N. P. 89
Redwoods 16, 86
Reedsport 90
Reiterferien 25
Rocky Mountain N. P. 98

Sacramento 63
Salmon River 6, 7
Salt Lake City 20, 44 ff.
▪ Beehive House 46
▪ Governor's Mansion 46
▪ Hogle Zoo 47
▪ Joseph Smith Memorial Building 45
▪ Median Marker 45
▪ Salt Lake Art Center 44
▪ Salt Palace 44
▪ State Capitol 46
▪ Symphony Hall 44
▪ Tempel 44, 45
▪ Temple Square 44
▪ The Lion House 46
▪ Trolley Square 47
San Diego 53 ff.
San Francisco 32 ff.
▪ Alcatraz 33
▪ Cannery 33
▪ Chinatown 34
▪ City Hall 36
▪ Civic Center 36
▪ Coit Tower 34
▪ Embarcadero 34
▪ Fisherman's Wharf 33
▪ Fort Mason 36
▪ Ghirardelli Square 33
▪ Golden Gate Bridge 33, 36
▪ Golden Gate N. R. A. 36
▪ Golden Gate Park 36
▪ Lombard Street 33
▪ Marina 36
▪ Maritime N. H. P. 33
▪ Market Street 34
▪ Mission Dolores 36
▪ Museum of Modern Art 34
▪ North Beach 34
▪ Performing Arts Center 36
▪ Pier 39, 33
▪ Presidio 36
▪ Transamerica Pyramid 34
▪ Twin Peaks 36
▪ Union Square 35
San Ildefonso 80
San Juan 80
San Luis Obispo 50
San Simeon 50
Santa Barbara 52
Santa Fe 9, 78 ff.
Scotty's Castle 59
Sea Lion Caves 90
Seattle 91 f.
Sedona 74
Seventeen-Mile-Drive 49
Shrine Drive-Thru Tree 88
Snake River 6, 7, 27, 93
South Lake Tahoe 62
Stateline 62
Stovepipe Wells 59
Sunset Crater Volcano N. M. 73

Tall Tree Grove 89
Taos 80 f.
Taos Pueblo 81
Tombstone 84 f.
Tucson 85 f.
Tusayan 65
Tuzigoot N. M. 74

Vail 27, 98
Ventura 52
Verde Valley 74

Wale 90
Walnut Canyon N. M. 73
Wasatch Range 44, 98
Wheeler Peak 81
White Sands Missile Range 82
White Sands N. M. 82 f.
Wildwassertouren 6, 27
Wind Cave N. P. 96

Yellowstone N. P. 17, 20, 60 f., 93 f.
Yosemite N. P. 26, 60
Yosemite Valley 60
Yosemite Village 60
Yuma 86

Zabriskie Point 59
Zion N. P. 68

Personenregister

Anasazi 12, 20, 22, 65, 70, 72
Apachen 18, 20, 22, 81

Billy the Kid 77, 82
Bodmer, Carl 95
Borglum, Gutzon 96
Botta, Mario 35
Bryce, Ebenezer 68
Buffalo Bill 10, 94, 95
Burroughs, Williams 37

Cabrillo, Juan Rodriguez 20, 54
Cannon, T. C. 23
Carson, Kit 72
Chandler, Raymond 21
Coronado, Franciso Vasquez de 20

Earp, Wyatt 10, 77, 85
Eastwood, Clint 21, 49

Ford, John 21, 68

Garrett, Pat 77, 82
Geronimo 20
Getty, J. Paul 41
Ginsberg, Allen 21, 37

Hammett, Dashiell 21
Hearst, William Randolph 50
Hispanics 18
Hitchcock, Alfred 87
Holliday, Doc 77, 85
Hopi 22
Howe, Oscar 23

Kerouac, Jack 21, 37
Kostner, Kevin 21

London, Jack 21

Miller, Henry 21
Moran, Thomas 95
Mormonen 18, 20, 44 ff.

Navajo 18, 20, 22, 24, 67, 72, 80

Onate, Juan de 20

Perreira, William 21
Portola, Gaspar de 32
Powell, John Wesley 20, 65
Pueblo-Indianer 18, 20, 21, 22, 78, 79

Remington, Frederic 95

Scott, Walter C. 59
Serra, Junipero 36, 49, 55
Sinagua-Indianer 73, 74
Sioux 22, 95
Smith, Joseph 44, 45
Steinbeck, John 21, 48
Stevenson, Robert Louis 21, 48
Sutter, Johann August 63

Twain, Mark 21

Vargas, Diego de 20

Young, Brigham 20, 44, 46

Wenn Sie im Urlaub nicht mit dem Strom schwimmen wollen …

POLYGLOTT — MEHR VOM REISE[N]

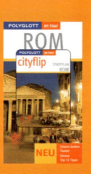

POLYGLOTT APA Guide – Spitzenklasse für Anspruchsvolle
POLYGLOTT on tour – der Allround-Führer im Taschenformat
POLYGLOTT go! – der Trendsetter mit den besten Adressen für aktive Urlauber
POLYGLOTT Sprachführer – um problemlos ins Gespräch zu kommen

Infos & mehr
www.polyglott.de